LA CRISÁLIDA Y EL CUADERNO VERDE

ExLibric

A. RASALMICE

LA CRISÁLIDA Y EL CUADERNO VERDE

EXLIBRIC
ANTEQUERA 2025

LA CRISÁLIDA Y EL CUADERNO VERDE
© A. Rasalmice
© de las ilustraciones del interior: A. Rasalmice
Diseño de portada: Dpto. de Diseño Gráfico Exlibric

Iª edición

© ExLibric, 2025.

Editado por: ExLibric
c/ Cueva de Viera, 2, Local 3
Centro Negocios CADI
29200 Antequera (Málaga)
Teléfono: 952 70 60 04
Fax: 952 84 55 03
Correo electrónico: exlibric@exlibric.com
Internet: www.exlibric.com

ISBN: 979-13-88079-04-7
Depósito Legal: MA 1799-2025

Impresión: PODiPrint
Impreso en Andalucía – España

Nota de la editorial: ExLibric pertenece a Innovación y Cualificación S. L.

A. RASALMICE

LA CRISÁLIDA Y EL CUADERNO VERDE

A mis hijos, Miguel Ángel, María del Mar y Pablo,
por ser las estrellas que me iluminan
y los pilares que me sostienen.

Agradezco a Felipe y a Mariano,
por estar a mi lado en la batalla,
y a todos aquellos que me acompañaron
y dieron su cariño en esta metamorfosis.

Prólogo

Este libro, *La crisálida y el cuaderno verde,* nos descubre cómo en un día gris la fuerza de la tempestad te abraza llevándose con ella la calma, el sosiego y los sueños para romperlos en pedazos, arrastrando la vida por laberintos donde solo habita la fría oscuridad y el dolor.

Es un libro que nace desde el corazón para liberarse. Ayudado por la palabra desnuda de los sentimientos para fortalecer y aceptar el reto con el que te sorprende la vida. En él se refleja el coraje, la valentía y la gratitud de ese corazón roto para seguir y perseguir sus sueños sin dejarlos escapar. Para pintarlos de colores acompañados de otra mirada y otra sonrisa. Transformando la pequeña crisálida en una hermosa mariposa.

PARTE I

LA TORMENTA

Cuando tus ojos
la luz del sol descubran,
vive la vida.
Camina sola junto a ella,
esperando la luna.
L. Maeve

Marzo 2019

Este poema escrito sobre papel ocupa desde hace bastante tiempo un pequeño espacio en el espejo de mi dormitorio. Al despertar, mis ojos se sumergen en él y adquiero el compromiso de ponerlo en práctica durante todo el día.

Hay momentos en los que la vida te pone a prueba para ayudarte a crecer, regalándote situaciones inimaginables para ti, donde un tornado te atrapa y te zarandea, llevándote a la profundidad de los océanos para vomitarte de nuevo y dejarte exhausta sobre la arena de la playa. A diario vemos pasar estas adversidades que atrapan a otras personas, de las cuales admiramos su resistencia y la capacidad de lucha para superarlas. Las acompañamos, las animamos e intentamos ponernos en su piel para sentir y aliviar su sufrimiento, sin llegar a pensar que en algún momento de la vida tú también puedes ser una de las elegidas. Justo eso me regalo con su llegada la deseada y esperada primavera del año 2019.

Todo empezó días posteriores a la celebración de mi treinta y siete aniversario de vida en pareja. Sin saberlo, el universo me buscaba. Traía a mi vida la melodía y la tempestad necesaria para ponerme a prueba y, supongo que, para hacerme crecer, trastocándome la vida con mi propia y particular batalla. Una experiencia donde descubrí la oscuridad más profunda jamás imaginada, donde la tristeza y el dolor son las herramientas para despertar más fuerte, más resiliente, con el alma más bella, para volver a sonreír, para volver a soñar, para florecer y otra vez volver a volar.

NEGRA PRIMAVERA

La deseada primavera, se oscurece esta mañana,
trae días grises de lágrimas desde los infiernos.
Como una bestia, la sombra de la muerte emerge,
más fuerte y tozuda, hambrienta de vida
con su afilada y negra figura,
con su larga guadaña.
Su beso frío, nos pasea por la locura
robando la cordura de nuestra casa.
Los sueños de esperanza, rotos,
se esfuman cada nuevo día, con la lluvia.
Donde el dolor y la soledad
abrazan el corazón.

Después de semanas esperando la última prueba médica, hoy, día 19 de marzo, al fin conoceremos por qué mi cuerpo ha perdido su equilibrio y presenta dolores abdominales, con frecuentes visitas al cuarto de aseo. A primeras horas de la mañana, mi pareja y yo marchamos al centro hospitalario confiados en recibir noticias que no sean muy abrumadoras, (pienso que quizás pueda ser una diverticulitis, como padece mi madre, o tal vez —y creo que es bastante probable— que sea una celiaquía, como tiene mi hija). No sé qué ocurrirá tras realizar la prueba, pero sea cual sea el diagnóstico, iniciaré los oportunos cambios alimentarios que necesite mi cuerpo para recuperar su equilibrio.

Tras recuperarme después de realizar la colonoscopia, el personal de enfermería me indica que el doctor tiene que verme, jamás una espera se había hecho tan larga. Eran ya las dos de la tarde cuando mi marido y yo pasamos al despacho del médico. Frente a nosotros estaba aquel doctor desconocido y del que solo conocía su nombre y sus buenas referencias, por parte de compañeras de trabajo. Mientras se presentaba, nos invitó amablemente a tomar asiento, explicándonos que era necesario realizar algunas pruebas más antes de la cirugía, pues la colonoscopia indicaba que existía una neoplasia de recto.

En ese momento, siento como me rompo en pedazos, faltándome el aire en la habitación. La vida, sin esperarlo, me da un golpe bajo que hace que el mundo se pare en seco ante mí, bloqueando y atropellando mi mente, cerrando mis oídos, mientras un frío estremecedor se adueña de mi cuerpo y de las blancas paredes de la habitación, congelando y haciendo doler la respiración. Pasados unos largos y eternos minutos intento retomar el aliento. Respiro profundo, buscando donde aferrarme para mantener la calma… Miro a mi marido que, sin articular palabra, mantiene sus ojos azules clavados en los míos ante aquel inesperado diagnóstico.

Tras procesar la información recibida, solo deseo huir, salir de allí, respirar aire fresco, volver a ver el cielo azul, para sentir en mi piel los rayos del sol, que al llegar se quedaron fuera del hospital, y abandonar aquella habitación, no sin antes saber primero cuándo se realizaran esas pruebas. Y conocer si por un casual loco de la vida, este médico desconocido y mensajero de tan horrible noticia, nos volveríamos a encontrar en este camino incierto por el que ya empezaba a caminar.

Amablemente me responde que es posible que sea la próxima semana cuando empiecen a realizarme dichas pruebas para así empezar lo más pronto posible los tratamientos.

Con un semblante algo desconcertado, quizás por mi apresurado deseo de terminar la consulta o tal vez por mi falta de interés al no querer saber más sobre lo expuesto con anterioridad, después de titubear durante unos segundos, nos responde a la segunda pregunta:

—Sí, sí. Claro que nos volveremos a encontrar.

A la vez que me da un sobre abierto para entregar en el hospital de referencia en la consulta del digestivo, donde otro médico compañero suyo se hará cargo del caso. Impactados, sin reacción alguna y sin más preguntas por hacer, salimos de aquel despacho, deseándole al doctor, con un saludo de mano, un buen día. Como imaginé, aquel médico y yo nunca más nos volvimos a encontrar.

HOY LA VIDA ME ZARANDEA

Y ME PONE A PRUEBA

Sin avisar,
sin llamar a la puerta,
te acomodaste
en el sillón de casa.
Llevándome al dolor.

Vuelta a casa

En silencio, recorremos aquellos pasillos del edificio que se hacen interminables hasta alcanzar la calle. Ángel, mudo y con la mirada perdida, me aprieta la mano, quizás para mantenerse fuerte ante tan inesperada noticia. Yo le respondo de igual manera, mientras que un desgarrador y fuerte nudo se aloja en mi garganta. Ya en el exterior, alzo la vista al cielo y sofoco el grito que anida en mi garganta. Tomo una bocanada de aire fresco que lentamente exhalo, deseando con esa exhalación soltar el intenso dolor que siento, y que sea capaz de aliviarse, al menos, por un instante. Otra vez vuelvo a respirar profundo. Con lágrimas en los ojos miro el radiante cielo azul, buscando en él un pequeño rayo de luz donde refugiarme de esta tempestad. En estos momentos solo deseo escapar, correr y despertarme pensando que todo es una horrible y fea pesadilla. Pero la realidad que se ha hecho presente es otra. Y aunque no la quiero, entiendo que, me guste o no, es la única que existe.

Miro a Ángel, que sigue callado arropándome con su brazo en mis hombros. Al tiempo que le pregunto:

—¿Y ahora qué? ¿Qué pasara? ¡Qué triste regalo para celebrar el Día del Padre!

El punzante dolor en la garganta se acentúa aún más tras pronunciar estas palabras, mientras, sus ojos azules nublados y ahogados por las lágrimas se clavan en los míos, también interrogantes y llenos de miedo. Me coge por los hombros. Sumergidos en el más profundo de los silencios, nos dirigimos al coche para volver a casa.

Son treinta minutos eternos en el tiempo donde el silencio hace demasiado ruido. Treinta minutos donde el dolor pesa y quema, resbalando salado por mis mejillas. Treinta minutos de locura donde la pena mantiene la mente alborotada y muda la palabra, con solo una pregunta flotando en el aire: «¿cómo decírselo a mis hijos? ¿De qué forma hacerlo sin estar ellos junto a mí?».

La tarde se hace aún más larga y difícil, intento sobre todo digerir lo ocurrido en la mañana. Con este golpe me siento perdida, llena de miedos que hacen que me duela el corazón. Me afloran momentos de rabia, de incertidumbre y de llanto que se apoderan de mi mente, a la vez que un repiqueteo constante, como gota fría de lluvia, me recuerda a los niños. ¿Cómo hablarlo? ¿Cómo decirlo? ¿De qué forma hacerlo? estando los tres en el extranjero, con tanta distancia de por medio, y cada uno con sus ocupaciones y sus horarios.

Desde el inicio de la tarde y antes de sus respectivas llamadas ya había sopesado las respuestas que les daría, con idea de no preocuparlos más de lo que lo hace la propia distancia. Para ello, preparo un cuaderno con unas breves notas que me ayudarán a no salirme del guion. Porque hoy solo les diré medias verdades. No soy capaz de confesarles esta realidad. Les diré que son unos pólipos sin importancia y que la próxima semana tendré que hacerme algunas pruebas más y después el doctor valorará y me dirá qué hacer con dichos pólipos.

A media tarde recibo la primera de las llamadas, es el mayor de mis hijos, residente en Alemania, que vuelve del trabajo acompañado de una cascada de preguntas, deseoso de obtener respuestas.

—¡Hola, mama! ¿Qué tal? ¿Cómo ha ido todo? ¿Qué te han dicho esta mañana? ¿Cómo te encuentras? ¿Tienes molestias?

Siguiendo el guion preparado que descansa sobre la mesa, intento mantenerme en calma y desgrano cada pregunta de forma tranquila, sin permitir ningún asomo de miedo ni dudas en mis respuestas

—Ya solo quedan dos por contactar —me dije algo más aliviada después de la conversación distendida con él.

Pasadas un par de horas, y con poca diferencia de tiempo, me llaman ambos, deseosos también de saber qué había ocurrido por la mañana y así poder aminorar sus miedos.

Después de hablar con ellos, siento como la fuerte angustia que se apoderó de mí durante la mañana, se alivia un poco, pues parece que la conversación mantenida con cada uno de ellos no ha generado alarma alguna (al menos es mi percepción). Todo parece estar bien. En los próximos días buscaré las fuerzas y las palabras necesarias para decirles toda la verdad, de la forma menos dolorosa, ¿por teléfono, o quizás sea mejor hacer una videoconferencia? La verdad es que, en estos momentos, no lo sé. Pero algo sí tengo muy claro y es que debo de decirles toda la verdad.

Algunos compañeros también me llaman a lo largo de la tarde, interesándose por los resultados de la prueba. A ellos también les comento que todo está bien, mañana cuando los vea será el momento de decirles la verdad. No creo oportuno dar esta fea noticia por teléfono. Únicamente se lo comento al pequeño de mis hermanos, que es sanitario. Sé que se sorprende y se preocupa por la noticia, porque a nadie le gusta este amargo caramelo, pero, al mismo tiempo, también sé que no creará alarma, pena o dolor alguno, algo que en el fondo no me gusta y no deseo que ocurra. Él será el único, junto con Ángel, que conozca, por ahora, toda la verdad.

Siempre es bueno contar con un hombro donde apoyarse y compartir estos difíciles momentos.

Durante la noche, la mente charlatana me mantiene prisionera con sus palabras. A duras penas me permite dormir. Ella habla y habla sin parar, como un golpeteo constante de lluvia en el alféizar de la ventana. Con gran esfuerzo, intento mantener la calma acompañada de la claridad de pensamiento.

Las primeras luces de la mañana asoman filtrándose por la ventana, hacen que me levante antes de que suene el despertador y observo que Ángel también está levantado. Al mismo tiempo que me ducho, dejo que corran amargas lágrimas junto con el agua que resbala por mi cara y mi cuerpo, creando un mágico momento de paz donde la mente se calla y solo siento la caricia tibia del agua, llevándose con ella los temidos y oscuros pensamientos, liberando los miedos para permitirme aferrarme al sueño de mis deseos. Frente al espejo, recompongo los trozos rotos de mi sonrisa. Guardo bajo llave las preguntas sin respuestas de los porqués, las incertidumbres y las lágrimas, para empezar y enfrentarme al nuevo y pesado día con el alma hecha jirones, aceptando esta fuerte bofetada que me da la vida. Como cada día, iré al trabajo y, al final de la mañana, llevaré el informe al hospital.

Desde la cocina llega un agradable olor a café que despierta mis sentidos. Al ir en su busca me encuentro con Ángel sentado en la habitación contigua, cabizbajo, en silencio, con un cigarrillo entre sus dedos. Me mira y me ofrece una taza de café con leche que ha preparado. Su rostro abatido refleja la impotencia y el miedo refugiado en la tristeza de sus azules ojos. Le miro con una sonrisa de buenos días que apenas capta, mientras se sorprende al verme dispuesta para acudir al trabajo.

—¿Cómo es posible que seas capaz de ir al trabajo después de lo de ayer? —me pregunta con la voz entre cortada.

—Vamos a ver, me encuentro bien, al igual que ayer y que hace una semana. No por conocer el nombre me encuentro peor ni voy a quedarme en casa rumiando. ¿Tú acaso ves algo distinto en mí? —le contesto mientras me siento a su lado y le tomo de las manos.

—Pero es cáncer, ¿o se te ha olvidado? Lo normal es que no vayas al trabajo. Que llames a tu jefe y te quedes en casa. No puedo entender que sigas tan tranquila, como si no pasara nada.

—Ya verás, por ahora no creo necesario todo esto. Estoy bien y quiero seguir con mi día a día de una forma normal. No sé durante cuánto tiempo ocurrirá, pero mientras que pueda, no voy a cambiar de idea ni mi rutina de vida. ¿No ves que no me duele nada? Es cierto que estoy preocupada, al igual que tú, pero eso no me impide poder asistir al trabajo. Además, tengo que llevar el informe al digestivo y comunicárselo a los compañeros. Lo único que sí necesito en estos momentos es tu apoyo para seguir fuerte en esta etapa de lucha que tengo que empezar.

Sus ojos azules se nublaron mientras nos fundíamos en un fuerte abrazo. El tiempo apremia y he de marcharme. Emocionados y sin desearlo, nos despedimos mientras su voz, quebrada, admite mi decisión y deja sentir su miedo.

Esta fuerte tormenta
por el viento mecida
se adueña de mis sueños.
Alcanzas mi horizonte.
Pegado a tu sombra
cabalgas por mi vida.

La sorpresa

Cuando llego al trabajo se crea un gran alboroto por parte de los compañeros. Todos me felicitan, ajenos a la sorpresa que más tarde helaría sus alegres sonrisas. Pasados los primeros minutos, como es costumbre en mí, me dirijo a la fuente de agua a reponer mi botella, momento que aprovecho para decir la verdad:

—Bueno, chicas, prestadme un poco de atención. Solo lo voy a decir una vez y espero que no sea necesario repetirlo.

Sorprendidas, se miran interrogantes, guardan silencio y dirigen sus miradas al lugar donde me encuentro.

—Veréis, la cuestión es que a partir de este momento tendré que hacer con bastante frecuencia visitas al hospital para realizarme una serie de pruebas médicas.

—Pero ¿Qué estás diciendo? Ayer cuando hablamos no me dijiste esto —interrumpió Saray.

—Sí, es cierto, no lo creí oportuno. La verdad es que ayer, tras la prueba, me dieron un informe que he de llevar hoy al hospital en el que dice cuál es el diagnóstico.

—¿Qué nos estás contando?

—Lo que escucháis. En realidad, no todo está bien, existe una neoplasia de recto.

En este momento, las miradas se congelan y las risas se convierten en un lejano eco, mientras un largo silencio recorre de punta a punta la habitación, borrando todo atisbo de alegría.

Pasados unos segundos, tomo aire y respiro profundamente para coger fuerza ante tanto desconcierto mientras continúo intentando aliviar el momento de *shock*.

—Además, una advertencia, no quiero volver a hablar del tema, ni deseo ver caras largas o preocupadas y, por supuesto, que a nadie se le ocurra estar en ningún momento peor que yo —digo mientras esbozo una sonrisa—. Pues como veis soy yo quien tiene al invitado en casa. Entonces ya sabéis, que no os sorprendan las entradas y las salidas que a partir de ahora tendré que hacer. Solo os pido una cosa, que tengáis confianza, tanta como la tengo yo, pues estoy segura de que todo ha de salir bien.

Por la sala nace un susurro que deja sentir el desconcierto, la preocupación y el miedo, reflejado en sus rostros.

—No me lo puedo creer. Es increíble que seas capaz de contar esto a las ocho de la mañana tan pancha y sonriendo, como la que te invita a tomar un café. Es muy fuerte quilla —decía Yolanda mientras se acercaba para darme un fuerte abrazo. Otras, confundidas, no daban crédito a lo escuchado.

Consciente del momento, yo misma me sorprendo de la pasmosa tranquilidad con la que me encuentro. Mientras, pido agradecida al universo poder seguir con la misma actitud.

Gracias por este amanecer,
por ayudarme a mantener esta calma
pasmosa que me invade, y esta paz
que me sorprende y me asombra.

Ya solo queda comunicárselo al jefe, que se encuentra en su despacho. Este, sorprendido al igual que el resto de mis compañeros, me aconseja que me marche a casa y curse la oportuna baja médica. Le hago entender que no estoy de acuerdo con él, y que no lo creo necesario, pues, a pesar de lo inesperado del diagnóstico, me encuentro bien, igual que los días anteriores. Además, ¿qué conseguiría quedándome en casa? Le pregunto. Sin saber cuánto puede alargarse el periodo de pruebas. No deseo alterar mi día a día, con ello solo conseguiría rumiar y alimentar más el problema. A regañadientes llega a entender mi postura y, tras una pequeña pausa en silencio, al final consigo que acepte mi propuesta. En ese momento acordamos que en el primer momento en el que me sienta mal, anímica o físicamente, acudiré a él dispuesta a cursar la oportuna baja médica, y me marcharía a casa.

Este fue el pacto al que ambos llegamos.

A pesar de todo lo ocurrido, la mañana transcurre bastante tranquila y rápida. Las constantes muestras de cariño por parte de mis compañeros me hacen sentir muy arropada, además de descubrir la calidad humana que poseen. Antes de terminar la jornada laboral, acudo al hospital para entregar la notificación en la consulta del digestivo, como me indico el doctor el día anterior

Allí me aguarda una grata y bonita sorpresa.

MARZO CRUCIAL

Este oscuro pensamiento,
charlatán y constante,
intenta dejarse escuchar,
afirmando y opinando.
Pero la claridad de la mente,
la confianza puesta en el universo,
me confirma que su luz de esperanza
no apagara la mía, y seremos
una constelación de dos estrellas unidas.

Paso a la consulta después de que me lo indique la enfermera, y me encuentro frente a Mariano, después de veintitrés años sin vernos. Fue un gran chute de alegría. Era lo más hermoso y mágico que podía ocurrir justo en este momento amargo. Incrédula, no salgo de mi asombro. ¿Cómo puede ser posible? Me pregunto sin creerlo aún. La persona a quien debía entregar la carta para iniciar el protocolo previo a la intervención era él. ¿Cómo imaginarlo? La última vez que nos vimos, hace ya mucho, se encontraba trabajando en otro centro hospitalario. Encontrarle en este momento difícil acrecienta mi confianza en el cosmos, que otra vez me ofrece un rayo de luz para iluminar esta oscuridad.

Mariano se muestra sorprendido y contento a la vez, por ser él quien se debe de hacer cargo del caso. Por mi parte, no quepo en mí de alegría. Todo mi ser sonríe, confiando plenamente en su persona y en su buen hacer. Volver a vernos al principio de este camino desconocido me tranquiliza. A la vez, sus palabras de cariño abren de par en par una ventana para alejar la tristeza y permitir que entre el sol, haciendo que los miedos sean menos miedos, logrando tranquilizar la mente.

Encontrarme en el tiempo contigo
junto al trago amargo que hoy bebo,
es lo más hermoso y alegre
que jamás pude imaginar.
Después de la sombría noticia
encontrarte me hace confiar y creer,
porque tu hermosa luz
borra la oscuridad del camino.

Aún hay fuego en tu alma,
aún hay vida en tus sueños.
M. Benedetti

Mantengo el pensamiento positivo después de la inesperada tormenta, confiada, intento que los demás vean esta situación a través del mismo cristal de mis ojos.

«Todo ocurre por algo y lo más correcto, según mi forma de ver, es aceptar sin rabia, sin preguntas, poniendo todo mi empeño en estar fuerte de mente ante la dura batalla que me espera. Todo pasará y todo llegará a ser una anécdota en mi vida, la cual exprimiré para completar mi aprendizaje. Así daré permiso para que nazca una mejor versión de mí misma».

A todos los que me importan y a mi doctora de atención primaria, les comunico lo ocurrido. Sorprendidos por la noticia, reaccionan de forma positiva y me dan todo su apoyo. Ya solo queda decírselo a mis padres y a mi hermano mediano, aprensivo como él solo.

A mis padres, que ya son mayores, solo les digo medias verdades; es muy duro confesarles la cruda realidad. Sobre todo a mi madre (pues mi padre, aunque físicamente está bien, su mente no le acompaña). A ella, con los ojos nublados por las lágrimas, le asaltan los miedos y las preguntas. Quitándole importancia, trato de hacerle entender que las cosas no son como ella imagina y que no ha de temer por nada. Solo tiene que ver cómo de bien estoy y cuánto confío en mí misma y en el médico que me trata. Después de un rato hablando, logro arrancar una sonrisa de sus labios, junto al más cálido de los abrazos. Con el paso de los días comprendí que las madres tienen un sexto sentido y que, a pesar de no saber la verdad de cuanto le contamos, son tan mágicas que la intuyen.

Por último, con mi hermano aprovecho el momento cuando él se marcha de su visita diaria a la casa de mis padres. Mientras caminamos hacia el coche le hago saber que los padres no saben la verdad completa, y que él la disimule cuando le comenten o le pregunten algo. Con el miedo en el cuerpo, me escucha en silencio. Tiene la mirada triste y está tocándose el lóbulo de la oreja derecha, su costumbre en situación de estrés. Le pido que me entienda y que no tema por nada, que me encuentro bien y fuerte para vivir la tormenta que se avecina, y que, por supuesto, y más importante aún, mi intención no es rendirme ante el enemigo.

Para sorpresa mía, reacciona bastante bien. Solo pregunta con la timidez del miedo atrapado en su voz:

—¿Quién más lo sabe? ¿Se lo has dicho a los niños?

Lágrimas que se ocultan
en el brillo de mis ojos.
Miedos que trepan salvajes
por la espalda, como arañas.
Para quedar ocultos bajo llave,
tras una sonrisa en los labios.

Sigo acudiendo al trabajo como de costumbre, pero ahora acompañada de mi particular tormenta. Intento que nada altere mi rutina ni mis días. Todo transcurre sin cambios, exceptuando las distintas visitas al hospital para realizar las consultas y pruebas médicas necesarias. Cada mañana, cuando despierto, agradezco al cosmos tener esta calma que me ayuda a gestionar esta fuerte tempestad, para que nada altere mis ánimos ni mis fuerzas.

Noche de marzo,
de escarcha y rocío
tras la ventana.
La crisálida duerme
paciente, sin sus alas.

Solo existe una cosa que me entristece bastante. Un pensamiento que no deja de doler y se mantiene como un fino puñal clavado en el corazón para recordarme que en los días venideros tendré que orquestar cómo decirles la verdad a mis hijos. Gestiono de la mejor forma posible este momento, ideando de qué forma hacerlo o cómo decirlo, pensando y deseando que todo va a salir bien.

Lo contrario de lo que le ocurre a mi compañero Ángel, que, para mi sorpresa, con su actitud demuestra que esta situación loca le supera. Pasa las horas muertas acompañado de un cigarrillo en los labios, encerrado en sí mismo, envuelto por una atmosfera gris, saturada con un silencio sepulcral y fúnebre, siempre cabizbajo, distante, con la mirada ausente, acobardado por los miedos que le mantienen prisionero y le impiden poder reaccionar.

INTERROGANDO

Aquí estoy, inmóvil paralizada,
mirando a mi niña en el espejo,
con rabia y tristeza a la vez.
Entre lágrimas le pregunto.
¿Eres capaz por un momento
de pararte a pensar,
cuantos deseos, ilusiones
y proyectos tengo en el tiempo
para aferrarme a esta vida?

MENTE SALTARINA

Con la soledad de las sábanas
envolviendo mi cálido cuerpo,
la mente saltarina pregunta
intenta obtener respuesta
y vuelve otra vez a preguntar.
¿Te has parado a reflexionar cuál será tu futuro?,
me dice.
Aún te quedan cinco años dolorosos,
llenos de miedos,
por un camino de incertidumbre,
desconocido, sin poder desfallecer
para llegar a la meta final.
La mente imprudente habla y habla,
vive perdida en sus miedos
mientras yo,
callada, le observo.

CONFIAR

Estoy totalmente confiada
en tu grandeza, universo,
por todo cuanto me das.
Depende solo de mí
saber poner de mi parte
y, así, la vida poder disfrutar.

MI NIÑA

Estoy aquí, triste, asustada,
con este golpe bajo.
hablando con mi niña interior.
Lloro y le digo que no lo quiero,
que pienso batallar
hasta el final, acompañada por ella.
Mi niña interior
con sus ojos grandes me mira,
no me responde mientras el cosmos
su gran sonrisa me da.

Los días transcurren rápidos, inmersa en mantener conmigo la idea de que no es demasiado tarde para que el destino me conceda una segunda oportunidad. Cada día al despertar agradezco ver el nuevo amanecer, la luz del sol, sentir la caricia del viento, el trinar de los pájaros y el ruido mundano de la ciudad. Otras veces, en cambio, percibo que el tiempo escenario de mis sueños transcurre de forma lenta y apretada, perdido por los recovecos oscuros de los miedos y el parloteo constante de los pensamientos. A pesar de tantas contradicciones, sigo aceptando y descubriendo esta lucha particular, aunque, en ocasiones, el espejo donde me miro se empaña con una profunda tristeza. Recuperar su imagen nítida y su brillo es un trabajo arduo. Con paciencia intento limpiar las heridas, buscando en su rostro otra vez la sonrisa.

En algunos momentos puntuales he de ausentarme del trabajo para acudir al hospital, porque dichas consultas coinciden con mi jornada laboral. Tener conocimiento de la enfermedad me ha brindado descubrir el cariño de todos cuanto me rodean. Sobre todo, el de un compañero que más allá de su trato, desde el minuto cero iluminó el camino con su implicación y su apoyo. Nunca imaginé que, tras la fuerte coraza de «duro» con la que a diario se viste, existiera un ser con un corazón tan grande, tierno y maravilloso. Jamás le estaré lo suficientemente agradecida por ofrecerme su fuerte mano y caminar junto a mí por este sendero desconocido en este crítico momento de mi vida. Él es como tener un hermano mayor, preocupado por todo cuanto me ocurre y con acceso a toda la información del proceso.

Cada mañana, Felipe, que así se llama, antes de iniciar su jornada laboral reclama mi presencia en su despacho y se interesa por mi estado de ánimo, además de valorar la situación del expediente generado por Mariano. Gracias a ello conocemos cuántos cambios ocurre en dicho expediente hospitalario.

Su apoyo y su interés diario juegan un importante papel en toda esta anécdota, como la llamo yo. Por su parte, además de tranquilizarme y alegrarme con sus palabras y su sonrisa matutina, me aconseja y me anima a que no reprima el dolor, que no silencie los miedos, que los comparta con los demás y no me los quede para mí sola, mientras me recalca:

«No siempre hay que ser un héroe».

—Deseo al igual que tú, que realmente esta situación se quede en una anécdota, como tú le llamas. En algo difícil, pero no imposible. Cuando termines la batalla, acuérdate que tenemos que celebrarlo —me dice mientras me sonríe y me toma fuerte de las manos.

Otra vez descubro que la fuerza del universo está ahí, todo se alinea a mi favor, demostrando que me acompaña con todas estas casualidades.

UNIVERSO

El universo está ahí;
nosotros mismos lo guiamos
para que se pueda manifestar,
floreciendo con todo su esplendor.
¡Es tan maravilloso!
Depende solo de nosotros
brindarle esa oportunidad.

Tras el espejo,
después del horizonte,
arde mi cielo.
En el fuego se reflejan
las heridas del alma.

La noticia

Hoy, teniendo en cuenta que todas las pruebas están realizadas y en los próximos días Mariano ha de presentar el expediente en una sesión clínica, despierto con la valentía y las fuerzas necesarias para comunicarles a mis hijos toda la verdad, esa que no puedo ni debo ocultar más tiempo.

Para ello preparo un escrito donde anoto las palabras correctas para expresar tan desagradable y temida noticia. Sé que el video que les pienso mandar a cada uno, lo verán en distintos momentos, debido a los cambios horarios del país donde viven y a sus jornadas laborales. No soy capaz de encontrar otra forma más correcta de hacerlo y de acortar esta distancia que nos separa.

Entrada la tarde me preparo y me autoconvenzo de que es lo mejor. Maquillo mis ojos, me pongo un poco de rubor en las mejillas y, como si fuera una actriz, delante de la cámara gravo el video donde les explico con palabras sencillas la verdad de lo que ocurre. Solo deseo no crear una alarma excesiva, para que se mantengan tranquilos y confiados, dejando fluir las cosas al igual que lo hago yo, es cuanto quiero transmitirles. Una vez superado y terminado el mal trago, respiro profundo. Sé que cada uno lo vera en su justo momento. Después me llamarán para aclarar las dudas que les asalten y, sobre todo, porque necesitarán tranquilizar sus miedos encontrando respuestas a tantas preguntas que seguro que les inquietan. Con calma, trato de la mejor forma posible, y sin inquietar, aclarar todas esas dudas, transmitiéndoles mi confianza en el cosmos y en mis propias fuerzas, que no flaquearán hasta alcanzar la meta.

El pensamiento y el lado oscuro de las palabras se tranquilizan y se desvanecen por calles oscuras de la propia mente, alcanzando caminos donde la luz empieza a despertar.

Confiada en la vida y en el Creador, creo que todo cuanto Él me brinda es para ayudarme a crecer y transformarme como persona. Entiendo que esta situación especial para mí es una de tantas como he de encontrar en mi camino, quizás la más importante hasta ahora, por todo cuanto trae con ella.

Sé, que solo depende de mí misma alejar y trabajar los miedos de la mente y abrazarlos, aceptando el reto, para no perder la esperanza y para no morir antes de estar muerta.

LA NOTICIA

¡Qué triste y amargo es decirlo!,
sin teneros a mi lado, conmigo,
decir sin engaño toda la verdad,
intentando que no haga daño.
Es tan duro comunicar la palabra
sin vuestra querida presencia,
esa que me calma y alegra el alma
de esta tristeza que me abraza.
¡Duele tanto vuestra distancia!
Tantos kilómetros de por medio.
Sentir que, a pesar de vuestra falta,
triste y sola, empiezo la batalla.

MI ALIADO

Esta cálida luz del sol
inunda y reconforta mi casa,
se lleva las inquietudes y los miedos
que afloran en la mente.
En esta hermosa mañana
termina ocuparnos del visitante.
A partir de hoy, solo toca combatirlo
con todo nuestro conocimiento,
con actitud positiva y fuerza,
esa que no debe ni puede flaquear.
Es momento de captar
toda la energía del universo
para sumergirme consciente en ella,
para dejar que me abrace fuerte
y entender que las cosas
llegan por algo que aún desconozco.
Aceptar esta situación sin preguntar
ayuda al cuerpo a avanzar,
para fortalecerse, para crecer
junto a mi aliado, el universo.

Transcurren los días esperando noticias por parte de Mariano. Deseo y temo que llegue el momento de su llamada. Mientras que eso ocurre, Ángel, sin superar la inesperada noticia, continua ausente, arropado por los miedos con una tremenda tristeza. Sigue sin ver nada que alivie su forma de gestionar esta situación. Todo lo contrario que me ocurre a mí, que a pesar de ser la diagnosticada, intento vivir el día a día fuera del dolor, al comprender que la vida es el momento presente y eterno que se nos escapa entre los dedos, por ello vivo cada minuto alegre y agradecida por mantener esta calma que me acompaña.

Agradecida por gestionar las cosas de esta forma, que quizás otros no sean capaces de entender.

Agradecida por el cariño de todos los que están a mi lado y aquellos que, por circunstancias ajenas, no lo están.

Agradecida con el universo, por este regalo con el que siento y percibo que me está cambiando en lo más profundo de mi ser.

La vida te pone a prueba
para que florezca y crezca
como polvo de estrella.
Pequeña y alegre mariposa
con tus hermosas alas nuevas.

PIEL CON PIEL

Cierro los ojos
para atrapar tus colores
con mis sueños, colgados de la luna.
Mientras, mecida por el viento,
en mis pupilas se diluye
la tormenta de mis heridas.
Al caer la tarde,
con costuras en mis alas,
inicio este tímido vuelo,
pegada a tu sombra,
compartiendo el dolor,
buscando, juntas, mi horizonte.
Piel con piel unidas.

ACURRUCADA

Aquí me quedo,
mi pequeña crisálida.
Abrazada contigo,
esperando paciente
nuestro mañana.

PARTE II

HORIZONTE INCIERTO

Se avecinan nubarrones,
sentada al borde del agujero.
Acepto.
L. MAEVE

La despedida

Felipe, a primera hora de la mañana, como de costumbre, reclama mi presencia en su despacho para comunicarme que, hoy viernes, Mariano presenta mi expediente en la esperada sesión clínica.

Con bastante insistencia, me dice que antes de terminar nuestra jornada laboral acuda a verle para intentar saber la conclusión a la que han llegado en dicha reunión. Me pide que no me olvide, ya que él tiene hoy un volumen de trabajo bastante grande.

Avanzada la mañana, llega el momento de acudir a desayunar, algo que acostumbro a hacer en una cafetería cercana. Allí, durante escasos treinta minutos, desconecto de los problemas y las circunstancias que se presentan en la jornada de trabajo. Es un coqueto lugar. Su decoración y el buen servicio te hacen sentir como en casa, acompañada de un buen café y unas exquisitas tostadas. Cuando me encontraba preparada para volver a mi puesto de trabajo, me sobresalta la entrada de una llamada al teléfono móvil. Ver que es un número del hospital acelera mis pulsaciones cardiacas y aún más cuando escucho al otro lado de la línea la cálida voz de Mariano, preocupada y tensa.

Sin fuerzas y nerviosa, me vuelvo a sentar.

Tras saludarnos, Mariano me comunica que el expediente ya ha pasado por la sesión clínica y que, como acordamos en nuestra anterior cita, me llamaba para comunicarme la conclusión a la que se había llegado. Nerviosa, presto atención a cuánto me dice:

—El primer paso antes de la intervención será dar veintiocho sesiones de radioterapia. Son necesarias para intentar reducir el tamaño de la tumoración. Todo está ya hablado y coordinado con el servicio. La doctora Ruiz te estará esperando para entrevistarse contigo el próximo día 22 a primera hora de la mañana.

Una fuerte sacudida estremece todo mi cuerpo, siento como un enorme nudo se aloja y aprieta mi garganta a la vez que mis ojos se inundan de lágrimas. Un silencio frío se adueña de mis oídos y de mi mente mientras Mariano se despide y quedamos para vernos el próximo lunes antes de acudir al servicio de radioterapia.

Tras colgar el teléfono quedo allí temblorosa, rota de dolor, envuelta en una tormenta de realidad, con una cascada de sentimientos que convulsionan mi corazón. En silencio y bloqueada siento como hay días que la vida pesa. Observo la calle, escondida tras las gafas de sol para ocultar mis lágrimas. Con la mirada perdida veo como el mundo pasa lento ante mí y, a pesar de todo, sigue girando alegremente ajeno a mi dolor. Los minutos se hacen eternos mientras mi mente resetea la información reciba. Una información que llega a mis oídos como un tsunami, que me derrumba y me traga para lanzarme a esta realidad. Desconcertada y confusa me pregunto: «¿Cómo esta llamada confirmando algo que ya intuía puede doler tanto? ¿Cómo dejo permitir que el miedo se adueñe de mi mente? ¿Dónde se esconden las fuerzas y mi actitud positiva?».

Intento recomponerme para volver al trabajo. Después de unos minutos, me marcho de la cafetería junto a una sombra oscura que sobresale en medio de tanta claridad, acompañada por un constante y fuerte dolor que desgarra mi garganta.

Sin quitarme las gafas de sol, entro en el centro de trabajo. Apresurada, me dirijo al despacho de Felipe, que en ese momento sale de la zona administrativa. Percibe que algo ocurre y se da prisa por darme el encuentro. Ya en el despacho, ambos tomamos asiento y con la voz rota le cuento lo ocurrido. Entonces, abre el ordenador y dirige la búsqueda a mi expediente. Allí en la pantalla aparece el último informe médico creado por Mariano, indicando la conclusión tomada.

Acto seguido, lo lee en voz alta.

Emocionado y con el semblante preocupado, toma mis manos y apretándolas fuerte entre las suyas, trata de animarme, esbozando una tímida sonrisa mientras me dice:

—No es lo que esperábamos, pero es lo que hay. Ahora toca ser más fuerte de lo que nos has demostrado durante este tiempo. Debes iniciar la baja e irte a casa, estar tranquila, con los tuyos y cuidarte. Es el momento de estar serena y tenaz para empezar la lucha y recuperarte pronto.

Sus palabras llenas de cariño reflejan el dolor que también siente al saber el resultado. Juntos salimos del despacho para dirigirnos al despacho contiguo, donde se encuentra nuestro jefe, con la idea de exponerle lo ocurrido y hacerle saber que la próxima semana cursaría la baja médica. En ese momento, nos encontramos de frente a todo el servicio (compañeros y el propio jefe) en la sala de espera, ya que se disponían a marcharse. Sin darnos cuenta, había llegado la hora del fin de la jornada. Sorprendidos al vernos, preguntan qué ocurre; Felipe toma la palabra y expone lo que todos ya intuían y temían.

Un sordo y frío silencio se hace dueño de la sala, para dejar tras de sí una atmosfera teñida de tristeza que hace difícil respirar. Después de unos minutos intentamos normalizar la noticia. Era algo esperado, algo que ya sabíamos. No podía ser tan hiriente.

—Bueno, chicas, llegó el momento —dije con una pequeña sonrisa que se vio arropada por las palabras de ánimo, los abrazos y los buenos deseos que en cascada brotaban de sus bocas en aquella improvisada despedida.

Hoy vuelvo a casa con sensaciones y sentimientos encontrados, con la presión metida en el cuerpo ante esta puerta enorme y desconocida que se abre ante mí. Ante tanta grandeza me descubro frágil, vulnerable, curiosa, deseosa de explorar este mundo desconocido que se oculta detrás.

Ya ha terminado el momento de ocuparnos del visitante, a partir de ahora toca combatirlo con toda la artillería pesada existente.

Por la ventana
se cuelan los pájaros.
Tormenta negra.

TU BESO

Un beso frío de muerte
acaricia mi cuerpo,
baila por nuestra casa
robando la cordura.
Libera los miedos,
atrapa las ilusiones y los besos
por la locura de los recuerdos.

ATRAPADA

Murmullo de olas blancas,
contemplo el infinito azul.
Atrapada está mi sonrisa
en la línea del horizonte,
donde se pierde la luz.
Colgada de la luna,
sueños de mariposa
que se escapan y rompen
donde nace la lluvia.

AMANECER

Despierta un nuevo amanecer
su luz inunda la habitación,
trae con ella, ilusiones y esperanza
para fortalecer el espíritu,
temeroso de este futuro
tan incierto y desconocido.
Envuelta con su luz
intento encontrar claridad
y respuestas, a tantas preguntas
inconscientes que abordan la mente.
Amanece este nuevo día,
lleno de sentimientos
cruzados y atropellados,
donde los forjados sueños
son uno a uno borrados.

LA MENTE

La mente sutil y poderosa
alimenta miedos e incertidumbres,
asalta mi amanecer entre sábanas
abrumada por sus palabras.
Sin poner resistencia,
me dejo llevar río abajo
por sus aguas turbulentas
hacia la calma salada y fría
de un mar transparente
que me acoge y me hunde
en su hermosa luz,
presa de sus aguas.

En estos días extraños alejados de mi rutina diaria, sin tanto ajetreo, vivo con otro ritmo, otro tiempo, otras prioridades. Todo resulta menos estresante y más intenso. Es cuanto podía pedir al cielo. Poder pasear sin las prisas diarias, disfrutando del momento, es para mí algo mágico. Escribir cuantos sentimientos afloran por mi mente es sanador, mostrar cada instante y desnudar cada emoción para plasmarla en las páginas blancas del cuaderno verde, es un bálsamo para calmar los miedos. Contemplar cada tarde el mar azul, unas veces sereno con sus doradas olas blancas y otras veces furioso y gris, agitado desde sus entrañas, vomitando espuma, es algunas de las cosas más hermosas que me ofrece la vida en conjunción con la naturaleza. Sentir la brisa salada del viento, que acaricia mi piel y me hace sacar fuerzas para relajar la mente saltarina, nutre mis sentidos. Hablar con los niños a diario aumenta aún más la confianza en el universo y en mí misma. Saber que a pesar de la distancia se mantienen aparentemente tranquilos, es algo que me hace mucho bien. Solo me duele, y no soy capaz de entender, cómo en casa mi compañero de vida sigue perdido por mundos oscuros que le mantienen alejado con esa postura de silencio sepulcral. Un silencio que se apoderó de él cuando nos dieron la noticia. Es triste sentir tan cerca la soledad. En contados y escasos momentos rompe esa coraza donde se esconde para demostrar su complicidad acompañada de un «te quiero» o de unas palabras de cariño. Me cuesta comprender su aptitud. ¿Cómo es posible que se rinda de forma tan fácil? ¿Cómo es posible que le supere el miedo? Soy incapaz de entender que se pueda encontrar aún más hundido que yo misma.

Mañana, 22 de abril, por fin será el día en el que empezaré la batalla. Mañana es el momento para reunir toda esa energía cósmica a la que tan fuerte me aferro cada amanecer. Mañana es el día para ocuparme del monstruo, que disfruta en silencio de mi cuerpo. Ese monstruo indeseado que un día, sin avisar y sin pedir permiso, se invitó y se acomodó en el salón de la casa, llevándose en su mochila de paseo la sonrisa de mis labios y la calma. Mañana es la fecha indicada para iniciar el primer tratamiento. Solo ruego y deseo tener fuerza para soportar cuantas molestias se presenten.

Aquí me quedo
contigo, acurrucada,
para resurgir.

PARTE III

EMPEZAR LA BATALLA

Prometo
dejar fluir la alegría en mis ojos
para permitirme volar
L. MAEVE

Empieza la batalla

Hoy, día 22 de abril del 2019, fecha importante donde la hubiere, empezamos a combatir la tumoración con sesiones de radioterapia, como me indicó Mariano y la doctora Ruiz. Estas sesiones diarias, además, estarán acompañadas por una quimio oral. Suspiro confiada en que todo cuanto vamos a realizar ha de ser suficiente para eliminar la tumoración. Miro sonriendo al cielo y en silencio le pido al Creador que me ayude, que no me abandone, pues lo necesito para mantenerme fuerte y, sobre todo, positiva, dejando la puerta abierta para que puedan escapar los miedos que ya amenazan con volver.

Hermosas mariposas
revolotean entre mis dedos,
ilusionadas y mágicas,
cuidando de mis sueños.

SÉ FUERTE

Llega el día deseado
y tan temido a la vez,
rodeado de preguntas sin respuestas,
donde todo queda
en una incertidumbre desconocida.
Amanece, que no es poco,
con la soledad cogida de la mano,
dispuesta a enfrentarme
a esta cruda realidad.
Y, aun así, confió en el universo,
que me acuna entre sus brazos,
y me susurra al oído:
«Sé fuerte, todo ha de pasar».

Ya han pasado los primeros días de tratamiento. Extraños, pero sin ninguna circunstancia especial. Mi cuerpo una vez más me sorprende y me responde al soporta bien las radiaciones. Cuando vuelvo a casa, me preocupo de mimar la piel radiada hidratando la zona como me ha indicado el personal sanitario. Por otro lado, las dosis de medicación (capecitabina oral) no causan por ahora síntoma alguno. Espero seguir en esta misma dinámica. Solo deseo que el camino que queda por recorrer se presente en la misma línea que hasta ahora. Esta situación hace que crezca la confianza en mí misma y en el universo cósmico del cual felizmente formo parte. Pienso que todo sigue su orden mientras las fichas del puzle van encajando una a una en su sitio, y a su debido tiempo. Todo cuanto nos ocurre pasa por algo y para algo, me digo, aunque en este momento desconozco el porqué de esta batalla. Todo tiene una razón de ser para que así pueda crecer y avanzar por esta complicada existencia, que, a pesar de todo, es la única y la más valiosa que tengo. Aunque mi pobre conocimiento me la impide ver y entender.

Acelerado,
el corazón palpita
entre los miedos,
con agallas resiste
los temidos fantasmas.

OTRO PASO MÁS

Mayo con sus flores
trae aromas de azahar y jazmín,
alimenta la confianza
que despierta en mí la vida.
Al igual, espera mi mente
alegre según avanzo,
al terminar otra etapa
y estar más cerca de la meta.
Mayo, cascada de colores,
ebrio de flores, ilusiones y calma,
perfuma y acaricia con alegría
mientras la herida cicatriza.

TUS BRAZOS

Entre tus brazos
deshojo pensamientos
que mueren en ti.
Las mariposas blancas
vuelan entre mis manos.

CRISÁLIDA

Cruzo el horizonte.
Renazco de las cenizas.
Ilusionada y paciente.
Sano la herida.
Alcanzo esta primera meta.
Logrando la victoria.
Increíble y poderosa.
Dueña de mí misma.
Abrazo fuerte la vida.

Hoy, 30 de mayo, es el día en el que damos por finalizado el tratamiento de radioterapia combinado con la quimio oral. Esta mañana se cierra la primera etapa. Sonriente y llena de alegría, me siento agradecida a la vida. Ya queda una puerta menos que cruzar. Feliz, me abandono en los brazos del destino, deseando muy pronto llegar al siguiente reto, que es realizar la intervención. Pido al cielo que el tratamiento recibido haya surtido efecto y la tumoración esté mucho más reducida, como esperan los doctores y yo misma. Deseo que el cosmos respete mis deseos.

Por el sendero
vuelvo conmigo
con mis alas nuevas.
Impregnadas de colores,
deseosas de volar.

Agradezco y vivo ilusionada cada minuto, cada momento, cada instante. Mientras que esta espera se une a una gran alegría mucho más importante que yo misma. Una alegría que saca los miedos de mi mente con la espera a este mundo de una nueva y pequeña vida. Tan solo imaginar cómo será este ángel que pronto llegará a nuestras vidas, hace que la esperanza me acune, broten nuevas ilusiones y la fe me ayude a superar todo lo feo de este momento.

SERVICIO DE RADIOTERAPIA

Simplemente gracias
por ser generosos seres de luz,
con la cualidad de ayudar
en el arte de vivir.
Por pintar de colores cada día,
haciéndolos especiales,
impregnados de vuestro buen hacer
con vuestra contagiosa alegría.
Gracias, por ayudar a continuar el viaje,
permitiendo perseguir los sueños,
y descubrir con vuestra ayuda
que es hermoso mirar al cielo.
Por hacer vuestra mi lucha,
por irradiar vuestra alegría en mí.
Desde mi alma agradecida.
Simplemente, gracias.

Solo quedan tres días para la esperada intervención y hoy, día 19 de julio de 2019, el universo otra vez me sorprende, otra vez se alinea a mi favor y me regala la llegada de mi pequeño ángel. La fuerte tormenta en la que estamos inmersos toda la familia hoy es menos fuerte, más soportable, gracias a la llegada de este querido bebé. Un bebé que ilumina y nos alegra a todos. Un bebé que hace que esta negra oscuridad que lo ocupa todo sea menos oscura y dolorosa con su presencia y su luz. Nadie imagina cuánto alegras mi corazón con tu nacimiento, mi pequeño lucero.

Llegas de noche,
niño del cielo azul,
con las estrellas.
Colgado de la luna,
te descubro, lucero.

Acortando distancia, las nuevas tecnologías me permiten contemplar tras la pantalla del móvil tu pequeño cuerpo y tu rostro angelical. Te miro y no salgo de mi asombro, tan lejos y tan cerca a la vez. La pantalla me devuelve esa imagen tuya, que tu padre, lleno de felicidad, muestra a toda la familia para que te conozcamos.

Miro tu pequeño cuerpito y siento que despiertas en mí una sensación agridulce de emociones, donde la alegría se confunde con los miedos, manteniendo una lucha constante que se adueña de todo mi ser. En los últimos días, imaginando tu llegada, mi cuerpo se estremecía en silencio mientras el pensamiento martilleaba mi mente, hablando, afirmando y repitiendo lo mismo una y otra vez.

«Quizás es el momento de marchar, de volver al principio de la nada, al principio del todo, para dejar paso a quien llega».

Triste, a regañadientes, con lágrimas en los ojos, temo que, en el peor de los casos, el universo tenga orquestado que pueda ser así. Es muy duro aceptarlo, duele y desgarra el corazón pensar que exista esa posibilidad. Sería una macabra broma del destino que puede ocurrir. Por ello, intento silenciar y alejar este amargo y cruel pensamiento mientras mis ojos llenos de amargas lágrima miran otra vez tu linda cara. Suspiro profundo y seco mis lágrimas.

Calor de útero
entre flores y mariposas.
Llega la vida.

TUS OJOS

Un reflejo de luz en tus ojos
anuda nuestras vidas.
Mi pequeño lucero,
que hoy despierta y brilla.

Lloro de alegría, lloro de tristeza, pero, a su vez, encuentro el coraje y el motivo para ser aún más fuerte al luchar por algo más importante que mi propia vida. Luchar por ti, mi pequeño lucero, ahora es mi meta. Para verte crecer, para abrazarte, para tenerte, con el prolongar de mi vida.

Con tu estrella
iluminas mi cielo,
pequeño gorrión.

LLEGA UN ÁNGEL

En la inmensidad del cosmos
entre nebulosas y estrellas,
viajaba un pequeño Átomo Ingrávido,
que sin saberlo me buscaba.
Cruzó grandes galaxias
hasta encontrar mis huellas,
descubriendo cuánto mi ser lo amaba.
Es un ángel que en la distancia
tomó fuerte mis manos,
para no dejarme caer, ni flaquear.
Trae con su presencia
la confianza y la luz que me brinda
para luchar y verlo crecer
descubriendo sus mañanas
y borrando la temida partida.

La intervención realizada en el día de ayer ha superado con éxito, tal y como esperábamos. Muy contentos con el trabajo realizado, los doctores se lo comunican a mis familiares. Transcurrido un tiempo después de salir de quirófano y encontrándome en el despertar, mi cuerpo vuelve otra vez a reiniciar el reloj de la vida, siendo consciente de ello.

Mis manos, con suave timidez, exploran despacio mi abdomen dolorido y cubierto de apósitos; buscan comprobar si existe o no algún añadido extra, como comentaron los facultativos.

Despacio, descubro que a pesar de lo aparatoso de los apósitos no existe bolsa de colostomía. Un frío temblor recorre mis manos mientras mis ojos se nublan de lágrimas, rebosantes de una felicidad inmensa. Agradecida por ello lloro feliz y en silencio, rodeada de aparatos que controlan la gravedad de estar luchando por volver a la vida, por querer quedarme otra vez en la luz. Lloro y agradezco al cielo por todo cuanto recibo, a pesar de las molestias que siente mi cuerpo por saberme afortunada con este gran regalo. Lloro por volver a despertar y respirar mientras que me digo:

«Todo ha de pasar y todo ha de quedar en una afortunada anécdota».

Cascada de emociones
afloran bajo a mi piel,
Naces entre mis dedos
crisálida de mariposa hermana,
esperando paciente en el jardín
para renacer e iniciar el vuelo.

SENDEROS

La rosa blanca
despierta en mi jardín,
fresca y pura.
Lucero, te descubro
junto a mi sendero.

HORIZONTE AZUL

Un vuelo inicio hoy
pintando el horizonte azul,
donde dibujar sonrisas
llenas de colores,
donde trazar nuevos caminos
y recuperar los sueños.

NACER CONTIGO

Pequeño Átomo Ingrávido
llegas días antes de mi renacer
para colmar de inmensa alegría
nuestros rotos corazones.
Para tenderme tus manos
y aférrame fuerte a ti,
para iluminar mi camino
con mis pasos y tu crecer.
Llegas para tirar de mí
en esta noche de oscuridad,
para hacerme volver
a este hermoso jardín.
Tú creciendo y yo renaciendo.

TU LLEGADA

Llegaste a mi vida,
mi niño lucero,
despertando ilusiones,
caricias y besos.
Arropado por la noche
iluminaste mis sueños
para pintar colores
que curen mi herida.

TU LUCERO

Sonríe, luna.
Mi cielo iluminas
con su lucero.
Anudas nuestras vidas
con un hermoso vuelo.

VOLVER A NACER

Hoy he vuelto a nacer,
la sonrisa ilumina mi cara.
Atrás quedaron las preguntas
tortuosas sin respuestas,
los miedos prolongados
quemando el corazón roto.
Hoy he vuelto a nacer
para desplegar mis tímidas alas,
veo con otros ojos la vida,
con muy distinta mirada.
La felicidad colma mi alma
con mis pupilas llenas de lágrimas
que ríen llenas de esperanza.
Hoy, he vuelto a nacer
para agradecer y ganar la batalla.

Alta hospital.

DESPERTAR

Ha pasado lo difícil del aprendizaje,
volver a la vida sin ningún añadido
reconforta el alma.
Es gratificante volver a la luz
para vivir, reír y empezar a volar.
No importa cuán dolorosos
serán los pasos siguientes
para alcanzar la meta
a cambio de futuro.
Dolor, fatiga, mareos,
todo será una levedad,
como gotas de rocío,
que el tiempo ha de borrar.

Un sol naciente
aleja de mis sueños
dolor y llanto.
Mientras canta el gorrión,
sanando mi herida.

Me sumerjo en tus aguas
con olas de espuma blanca,
donde me acoges y me acunas,
donde vuelvo a nacer y emerjo.

Mañanas de sol,
cielo de verano.
Mariposas mágicas
viven por mis sueños.
Revolotean alegres
entre mis manos.

La batalla

Ya superamos el tiempo de los miedos, las preguntas, las dudas, las noches frías donde la imagen del monstruo violáceo escondido en ella me acechaba agazapado entre oscuras tinieblas queriendo vencer en esta batalla.

Al fin, hoy cierro otra puerta. Me encuentro ya en la recta final. Ayudada por el Padre sé que venceremos esta cruda realidad, gracias a Él que ideó cuanto había que tocar. Me envolvió en su manto azul cargado de polvo de estrellas, me tomó de su mano, me acompañó en los momentos de dolor, me fortaleció ante lo desconocido para seguir el camino. Se acompañó de hermosos ángeles, que ahora y siempre serán los míos. Gracias por tanto bien. Gracias por tanto amor.

Está la oruga
dormida en el jardín;
sueña con volar.

Ya amanece,
miro tras la ventana
descubro la luz.

PONER EL RELOJ

Soñaba nacer de nuevo, poner los pies en la tierra
olvidar la muerte perra.
Iniciar un nuevo vuelo, con otro reloj,
sin forzar la situación.
Ver y prestar atención, dar importancia a la vida,
escuchar al yo que anida dentro de mí
en fraternal comunión.
El que al despertar me acompaña,
el que de frente me mira en silencio,
ese que, a veces, también me extraña.
Es momento de parar y mirar otra vez al cielo
para empezar sin temor con mi niña a caminar
y poderla al fin cuidar.
Es momento del espejo, donde buscar su reflejo,
para estar siempre unidas,
pues ella es mi mejor amiga.

Es momento de asomarme al espejo y abrazar la imagen
que en él se refleja. Amarla con sus miedos y sus alegrías,
con sus cualidades y sus carencias. Es momento de empezar
a quererme por mí misma, tal cual, alimentando desde el
otro lado el valor que me acompaña, cuando con tu luz
iluminas mi mirada.

EL ESPEJO

Te miro y me reconozco,
mientras me devuelves
una fresca y bella sonrisa.
Esa que olvidé hace tiempo
en el cajón de los sueños.
Tu reflejo me deslumbra,
te descubro, niña,
crisálida de mariposa
fuerte y nueva
que al fin vuelas.

Un mes

Un mes ya, un hermoso mes en el que retomé otra vez la vida. Son treinta días donde el tiempo ha pasado veloz delante de mis ojos, enseñándome a mirar y a descubrir cuánta belleza retienen y se refleja en mis pupilas. Un hermoso mes donde tú creces cual olorosa flor en mi pequeño jardín, mientras yo lloro en él con la alegría de poder seguir junto a ti. Dado que la vida sigue, y el reloj de mi corazón otra vez vuelve a marcar los segundos y los minutos de cada día.

Una estrella
mis pasos ilumina
por el sendero.

Olas que irrumpen
en la cálida orilla.
Traen sobre espuma blanca,
brisa salada de alegría y dolor.
Perfumando la clara noche
junto a tu soplo de vida.

ÁTOMO INGRÁVIDO

Llegas para crecer
y caminar junto a mí,
pequeño Átomo Ingrávido,
para colmarme de alegría
en cada amanecer,
regalándome tu sonrisa.

El universo que todo lo ordena en su justo momento hace coincidir tu esperada llegada con mi nuevo empezar.

Tú, Átomo Ingrávido, llegas para caminar y descubrir este mi mundo, que ya es también el tuyo, para crecer, para regalarnos cada mañana tu sonrisa. Mientras yo sigo aquí, descubriendo, agradecida, un nuevo despertar, valorando y disfrutando otra vez esta nueva existencia que me ofrecen junto al reloj del tiempo. Compartiendo contigo cada nuevo amanecer.

Tú llegas para descubrir la vida, a mí me permiten otra vez reiniciar. Tú empiezas a vivir con nosotros, a mí me regalan poderte disfrutar.

Cuando atardece,
las mariposas blancas
sueñan contigo.

TUS OJOS

Tus ojos despiertan a la vida
para descubrir cada minuto
las maravillas que desconocías.
Ojos grandes, como luceros,
me bañan con su hermosa luz,
me ofrecen cada mañana
la alegría de tu linda cara,
llevándose la tristeza
con la luz de tu mirada.

CONTRASEÑA

T2N2M0 contraseña de mi cuerpo,
que tras mi piel se mantiene oculta,
dañando, horadando, mutilando.
Cubriendo de polvo espeso y negro
toda la flora sana de mi ser,
impidiendo el nuevo amanecer.
Una mañana de junio,
gracias a la magia del universo,
el campo de batalla se orquestó
para que la luz alcanzara mi corazón,
transformando y modificando
la temida numeración.

REENCUENTRO

La magia se deja ver
con notas de azul cielo.
Pajaritas de papel
alzando el vuelo.
Con un lazo de ilusión
para anclar en el horizonte
este bonito reencuentro.

MIRAR ATRÁS

Miro hacia atrás en el tiempo,
con alegría y lágrimas en los ojos
al recordar aquel trago amargo
donde creí que se escapaba la vida.
Hoy se diluye distante y lejano
como loca y oscura pesadilla.
Recordar el momento
desgarra el alma,
siento que pierdo el pulso
ante mi propio vivir, percibo que
quizás pueda emprender el viaje
etéreo y sutil a la nada,
formando parte del cosmos
donde gravitan los átomos,
principio y fin galáctico de la efímera vida.

UNA OPORTUNIDAD

El universo me brinda
esta nueva oportunidad
para que crezca mi niña interior
y descubra que solo depende de mí
alcanzar la deseada meta.
Lo pedregoso del camino
no impedirá poder avanzar
con momentos oscuros y tristes
donde el dolor abraza mi cuerpo
trémulo, lánguido y ajado,
como una hoja azotada por el viento.

EXISTIR

Hay una línea trémula y fina
que separa la vida de la muerte.
Una línea, sutil y efímera,
que, sin saberlo,
por ella tú caminas.
Es tan estrecha e imperceptible
que descubres cuán frágil
y débil es tu presencia.
Donde el universo te recuerda
que no importa cuánto tienes.
Solo importa aquello que dejas
con el paso de tu existencia.

DESVELO

El frío desvelo me asalta
esta cálida noche de verano.
Se sienta a mi lado, callado y mudo,
solo quiere poder reflexionar
sin permitir participar al miedo
y sí a la amiga coherencia.
En silencio, nos miramos a los ojos
buscando complicidad para luchar juntos, y
unidos para no zozobrar. Para pelear. Para ganar.
Dejando al pensamiento que fluya alegre,
pues la meta hemos de alcanzar.

LA VENTANA

Esta profunda oscuridad de tinieblas
da paso a un nuevo amanecer
lleno de envolvente fulgor
que penetra lento por la ventana.
Baña mi cuerpo y mi mente
de cálida y nítida claridad,
me mira sutil tras la ventana,
alimenta de paz el alma,
colma de felicidad mi esperanza.
Maternal me acoge entre sus alas,
me dejo abrazar por su luz
desde el otro lado de la ventana.

BAILE DE MARIPOSAS

Esta mañana,
multitud de colores
pintan mis pasos.
Bailan las mariposas
por el nuevo sendero.

MIEDOS

Eres mi aliado.
En ti vuelco mis miedos
para que los lleves lejos,
donde se desvanezcan.
Para que se acallen
con el ruido del silencio,
para contar contigo
con mis ilusiones y con mis sueños.

Un brindis por la vida

Esta situación dura y difícil es como un huracán que te atrapa en sí mismo y te levantan del suelo. Con su fuerza te transporta como partículas de polvo a otro lugar. El miedo recorre cada poro de mi cuerpo y la mente, confusa, no encuentra respuestas que le devuelvan la sonrisa a mis labios. El impacto es tan brutal que me confunde. No sabes cómo actuar. Atolondrada, te paralizas mientras tú mirada se pierde en la profundidad de la nada. Es un bombardeo constante de preguntas que te asaltan, intentando buscar contestación a tanta incertidumbre.

Con el paso de los días se transforma en otras inquietudes, otras interrogantes y otros miedos. Mi universo va cambiando con otras prioridades. Sin percibirlo, el subconsciente se transforma, y tú también junto a él. Poco a poco empiezas a aceptar cuantas cosas nuevas llegan a tú vida, cosas menudas, insignificantes, cosas bellas, que quizás antes ni siquiera prestabas atención, inmersa en la marabunta loca de esta sociedad complicada y banal, que te atrapa sin ser capaz de percatarte de ello. Estoy haciéndome consciente de cuántos cambios han de venir y cuántos he de realizar. Momentos qué serán amargos y difíciles por este camino pedregoso, y otros felices que he de saborear. He de aprender a gestionar todas estas etapas e inquietudes para encontrar las respuestas, descubriendo la alegría de encontrarme viviendo en este mundo, en el aquí y ahora, en el momento presente de esta gran transformación.

Pasan los días.
Haz un hueco a la alegría
para dibujar en tu rostro
la más bella de las sonrisas.

ESPERAR LA QUIMIO

Una estrella fugaz cruza el firmamento,
dejando tras de sí polvo azul de mar
para cubrir los miedos y los fantasmas
que la mente inquieta es capaz de crear.

DE VEZ EN CUANDO

De vez en cuando me miras
en esta espera larga.
Sueño con tus alas, que son las mías,
para que me lleven a otro lugar,
donde borrar la tristeza
y pintarlas de color libertad.

A dentelladas,
despierta la tormenta
sobre mis hombros.
Lentos se desvanecen
las risas y los sueños.

Hoy eres tú
el dueño de mi destino,
acepto a regañadientes
ser presa de tu castigo.
Temerosa de tus regalos,
cruzo por tus senderos.
Busco encontrar mis alas
para superar los miedos.

PARTE IV

CREANDO FUTURO

Otro empezar

Llega la última etapa de esta anécdota en la que sigo atrapada. Llega con la esperanza despierta y deseosa de empezar y a su vez terminar. Contenta, después de la sorprendente recuperación tras la intervención. Todo ha transcurrido de forma muy llevadera o, al menos, la imaginaba más dolorosa. Hoy iniciamos la primera sesión de los ocho ciclos de quimio venosa (oxaliplatino) cada veintiún días acompañada, además, con quimio oral (capecitabina) en dos tomas diarias con un intervalo de doce horas. No sé qué sorpresas me aguardan en este expectante periodo final, solo sé que otra vez se escapan y me asaltan los miedos, las dudas, las preguntas, las temidas sensaciones que creí guardadas bajo llave, y hoy descubro que no es así. Pero también confío en el universo y en mí misma, en mis fuerzas para soportar cuanto acontezca. Saber que es el último tramo para alcanzar la meta me consuela y, ante todo, me incita para seguir fuerte hasta la meta.

Hoy confío en el Creador y en el milagro de la vida.

ARCOÍRIS

La mariposa azul
acurrucada sobre las hojas
de la fuerte rama.
Colores del arcoíris
iluminando sus alas.

LABERINTO

Luchando, con actitud y confianza
serenamente,
las metas vas superando,
manteniendo la esperanza.
Abrigar la confianza, luchando
con actitud
llegarás a la meta, superando la batalla.
Serenamente con esperanza,
batallar luchando.
Superando con actitud y confianza,
para vencer.
Abrigar la esperanza,
luchando con actitud.
Alcanzarás la meta,
superando la batalla.

QUIMIO

La última y esperada etapa
hoy, al fin da comienzo.
Contenta y feliz voy
después de estar operada.
No conozco, ni sé cómo será,
pero confío en que pronto ha de pasar.
Expectante,
confío en el universo,
en el Creador, y en mí confío,
junto al milagro de la vida.

Primera cita

Hoy, por primera vez, tomo contacto con la artillería pesada y necesaria de esta última etapa para combatir y ganar esta batalla.

Mi cuerpo queda atónito sin entender nada de cuanto ocurre al recibir el primer impacto venoso que se comporta como una bomba en el campo de batalla, arrasando y volviendo estéril todo cuanto alcanza. Me sorprende el frío helado que invade mi brazo por donde avanza despacio el enemigo. Este primer contacto me hace entender que la batalla será dura y despiadada. Los punzantes alfileres, como dardos, que se clavan en mis manos al contacto con el agua fresca, adelantan algunos de los síntomas que, poco a poco, irán apareciendo producto del esperado y brutal tratamiento. A pesar de ello, entiendo y acepto que todo es necesario. Todo será pasajero. Es el pago que hay que realizar para alcanzar la victoria en esta batalla. Todo cuanto llegue será bienvenido. Es cuanto me digo para ayudarme a mantener la calma necesaria ante estos desconocidos obstáculos, y a su vez para hacer que la mente se mantenga fuerte.

LA TORMENTA

Una tormenta
entra por la ventana,
toma mi cuerpo,
desnuda el corazón,
se lleva los sueños.

MALESTAR

Este feo malestar
el alma enmudece,
rota de dolor.
La oscura realidad
acaricia los sueños.

TU VISITA

Con tu visita
un dragón violeta
besa mi cuerpo.
Se posa, frío y amargo,
dentro de mis venas,
se instala en mi cuerpo,
crea la tormenta, brota el dolor.

ESCUCHO MI CUERPO

Llevo días que permito a mi ser llorar,
le permito gritar,
abatido, ante tanto malestar y dolor.
Tanta impotencia siente
que su bandera, que es la alegría,
se vuelve gris en esta tormenta,
al pensar en la temida muerte.
Son afilados gritos entrecortados
que desgarran y dejo fluir,
entre sensaciones oscuras
que él no quiere, ni yo deseo descubrir.

Lágrimas de rocío
cabalgan por mi cuerpo.
Noche sin luna.

Hoy, busco en mí el consuelo,
tengo el placer de vivir
sin aún desear morir.
Me abrazo y sueño.

Mueren los sueños
en las noches sin luna,
entre suspiros.

Llegan los cuervos
a recorrer mis venas
con tu crueldad.
Tú, despiadado, cruel,
ríes ante mi dolor.

Segunda cita

Otro día más que me tomas sin mi permiso y sí con mi resignación, al saber que eres la única solución para combatir al dragón que me encarcela. Cada nueva visita percibo cómo, poco a poco, recorres cada centímetro de mi cuerpo, invadiendo cada célula y generando este malestar punzante y frío con el que me dejas. Siento cómo, gota a gota, de forma lenta y persistente, me produces la más triste, oscura y dolorosa de las sensaciones.

Hoy permitiré que los poros sensibles de mi piel protesten cuando tus gotas de lluvia me acaricien, adueñándose de todo mi ser. Sin oponer resistencia, dejaré que los punzantes alfileres que utilizas no me doblegen ante el dolor. Caminaré serena cuando la brisa fría del invierno se cruce conmigo y cierre todo hilo de aire para ventilar mis pulmones. Soportaré que me robes la fortaleza, provocando desgana y una gran apatía. Aceptaré que borres la sonrisa de mi boca, haciéndome presa de tu oscuridad. También daré rienda suelta al mar para que inunde mis ojos y sea capaz de llevarse con él toda la angustia que me regalas, junto a los destrozos que también provocas.

Yo misma me doy permiso para fluir en silencio, sin oponer resistencia y sí manteniendo la paciencia.

A mis frágiles alas, rotas por la crueldad de la bestia; curaré las heridas con amor para que intenten otra vez iniciar el vuelo.

Hoy, después de que me abandones, mi cuerpo quedará otra vez exhausto, más indefenso, pero, a su vez, más libre y aliviado, al ser consciente de que, en nuestro cuaderno de citas, ya aparece una visita menos. Quizás las visitas siguientes sean aún más dolorosas y fuertes o quizás menos, no lo sé, lo desconozco. Pero algo que reconforta bastante el alma y sana el dolor es saber que ya me encuentro más cerca de la soñada meta y un poco más lejos de aquella temida partida.

Lloran mis ojos
buscando la mañana,
faltos de la luz.

Con tu visita,
el dragón violeta
ya se retuerce,
cabalga por mi cuerpo,
dueño de mi tristeza.

A golpes bebo,
el viento de tristeza
que te acompaña.
Duelen como puñales
abriendo la herida.

Tercera cita

A duras penas mantengo la sonrisa en mis labios, ni tan siquiera pintándola es capaz de brillar. Todo se hace tan difícil, tan triste, que empiezo a dudar de mi fortaleza. El malestar que me abraza se prolonga y acentúa más en el tiempo, mientras que los periodos libres de síntomas son escasos siete días entre visita y visita.

Durante este temido e interminable periodo grito y permito que sordamente todo mi ser pueda llorar, abatido ante este dolor. Es tanta la impotencia que siento que hasta la alegría, que es señal de mi propia bandera, se ha vuelto gris en plena sordera, pensando solo en la temida muerte.

Gritos amargos y entrecortados, afilados, me asaltan para acompañar y desgarrar al propio dolor.

Gritos que entre oscuras sensaciones dejo fluir.

Gritos mudos escenario de mis miedos y de mis olvidados sueños. Gritos que no quiero, ni deseo, pero que la vida me obliga a conocer.

Como cuchillos,
se cuelan tus raíces
por mis heridas.
Al contacto con mi piel,
devoras lento mi alma.

Cada mañana sufro en silencio las embestidas salvajes de la enfermedad. Es tan fuerte todo cuanto ocurre que acepto la realidad tal como es mientras tiendo el oscuro traje de la tristeza al sol para pintarlo de colores. Ante un mundo ajeno a mi dolor, mantengo con una sonrisa la compostura. Ella es la clave de todo para seguir. Lo justo ante este malestar que me acompaña. Aunque existen momentos a solas en los que me rompo en mil pedazos y me ahogo en mis propias lágrimas. Pero donde también descubro a mi niña interior reflejada frente a mí en el espejo, que me sonríe con dulzura, me acaricia y me cura las heridas. Ella me fortalece, me comprende, me hace reaccionar para volver al mundo un poco menos débil y más paciente para soportar los regalos que aún quedan por llegar.

BAJO LA LLUVIA

Noches oscuras
abrazan la sinrazón
bajo la lluvia.
Una brisa helada desgarra
las costuras del alma rota.

GOTAS DE LLUVIA

Como gotas de lluvia,
mi vida se desparrama,
cabizbaja y temerosa,
por caminos inciertos
que solo tú conoces.
Es tu tormenta,
la que habita por mi cuerpo,
marchitando mi existencia,
que se escapa por mis dedos.
Mientras, muero por las esquinas.

TE CUELAS

Poco a poco te cuelas
como un temblor de pájaros
en oscuro silencio,
transformando mi alegría
en la salvaje tristeza que me dejas.

SALVAJE TORMENTA

Esta tormenta salvaje
en mi pelo anida,
con sus cuervos negros.
El otoño, frío y gris,
oscurece mi alma.

Tejen las arañas
sus trampas invisibles,
hilos de muerte.
P. VALENCIA

Cuarta cita

Llego al ecuador de esta última y brutal etapa, en la que solo me consuela saber que ya es el final de toda esta mal llamada anécdota. No sé en qué momento llegué a pensar que sería eso, que equivocada y lejos de la realidad me encontraba. Nunca imaginé que la última parte de esta carrera de fondo en la que estoy inmersa fuera tan triste y dura. Nunca pensé cuánto malestar podría regalarme. Mi cuerpo, abrumado por cuantos síntomas, experimenta, grita al viento desconsolado, me pide que lo escuche. Intenta dejarse fluir, pero es tan fuerte todo cuanto le ocurre que según el líquido sanador penetra lento por las maltrechas y las debilitadas venas, un frío polar se adueña poco apoco de mi brazo.

Cada nueva cita acumulo más toxicidad, descubriendo lo salvaje e indolente que puedes ser cuando te adueñas de mí para combatir al temido dragón que aún vive en mis células.

La mente sabe que es lo correcto y es consciente de que tengo que recibirte, aceptando todo cuanto traes. Pero eres tan intenso que sufro en silencio tus embestidas mientras que mi niña, interior reflejada frente a mí en el espejo, se hace cada vez más pequeña y frágil, sin fuerzas, con su sonrisa transformada en dolor mientras me implora que no ahogue su grito, que deje fluir cuanto siente, que le permita manifestarse libre sin ninguna queja, sin ningún reproche, dándole solo cariño para poder soportar cuanto llega.

Atenta, escucho todas sus quejas. Fuerte, le abrazo y le ofrezco mis pocas energías. Paciente, le doy mi calma. Es todo cuanto necesita en este momento y cuanto, sin duda alguna, le concedo.

PLEGARIA

Pido al cosmos
que no me abandone
en este momento duro de lucha.
Que me fortalezca y ayude
para alcanzar la meta.
Pido al cosmos
que no me olvide.

MI YO

«Préstame tus alas»,
me dijo susurrando
mi yo, asomado al espejo.
«Préstame tus deseos
y disponte a volar,
aunque las alas se rompan.
Descúbrete y quiérete sin vergüenza, sin tapujos.
Inicia otra vez el vuelo y vive».

MALETA DE TRISTEZA

Hoy, la tristeza se ha colado
por la ventana.
Trae en su maleta roñosa y gris
preguntas que nunca pensé hacer.
Tristeza en mi rostro.
Respuestas que no quiero escuchar.
Lágrimas saladas que nublan la mirada,
reflejo del malestar.
Dolor que me recorre y llega al alma,
donde la luz del día se torna gris.
Lucho para que esa oscura maleta
no se mantenga abierta por más tiempo,
y su indeseable dueño pronto
de mi lado desaparezca.

Los cuervos se hacen dueño de mi cielo, graznan entre mi pelo.

Quinta cita

Las dosis de toxicidad acumuladas en mi cuerpo para combatir al dragón violáceo que aún vive conmigo hace cada vez más grande e insoportable los efectos secundarios que provoca. Esta realidad no imaginada me supera. Sabía que sería duro y que el cuerpo acumula el tratamiento ciclo tras ciclo. Pero es todo tan salvaje, tan intenso, tan cruel, que, sin percatarte, dejas de ser tú misma, retorcida en los indeseados cambios, tristemente pasas a ser un cúmulo de agresivos síntomas que el cuerpo rechaza, y que tardan en marcharse. Lo más triste es que cuando crees que te has liberado de ellos, llega otra vez el momento de recibir otro nuevo ciclo y has de estar dispuesta para volver a empezar. Son momentos amargos, llenos de una densa oscuridad que se eternizan en el tiempo. Momentos complejos que te impiden resurgir y te quitan las ganas de vivir.

Llora mi cuerpo
cuando siento tus besos
entre mis labios.

Bebo a sorbos
los vientos de tristeza
que te acompañan.

SÍNTOMAS

La boca insípida coronada por las llagas,
soporta en silencio
el sabor oxidado de la hojalata.
Las manos ateridas gritan con el sentir punzante
de alfileres y de frío,
que es parte de la tortura.
Los pies los acompañan
para no dejarlas solas en su sentir,
se vuelven helados y torpes,
robando la comodidad del poder andar.
Mis ojos, siempre llenos de color,
se han tornado tristes y salados.
¡Y dónde dejar la mente saltarina,
que ha perdido su esencia
y se deja arrastrar por el fango
al sentir estas sensaciones
que no puede ni sabe gestionar!

SÚPLICA

Dejadme la esperanza. Dadme la ilusión.
Concededme alas nuevas pintadas de color.
Dadme agua clara y tibia
para ahogar los gusanos
que se deslizan por mi boca.
Dadme guantes para mis manos
para apartarlas del frío,
del agua fresca, del metal,
del dolor punzante
que le abrazan al tocar.
Dadme unos pies nuevos
para borrar los míos
que languidecen congelados
en su torpe caminar.
Dadme la esperanza, dejadme la ilusión.
Concededme nuevas alas cubiertas de color.

Sexta cita

Pido a Dios que me tome entre sus brazos, que no me suelte y que me cubra con su manto de terciopelo azul.

Pido a la vida que los pilares más importantes de ella siempre estén ahí junto a mí, cogidos de mis manos, en cada minuto insoportable y triste de este amargo y oscuro camino. Cuando me asomo al espejo y veo el reflejo de mi niña interior, cabizbaja, triste, con la mirada perdida. Con gran ternura la abrazo y le pido que me fortalezca, que no me abandone, que la necesito a mi lado en estos momentos duros donde me rompo en mil pedazos y me ahogo en mi propio mar.

Como dueño de mi cuerpo,
poco a poco te cuelas
con tu oscuro silencio
transformando el brillo y la luz
en negras tinieblas donde reinas.

Mi cuerpo grita
cuando siento tus besos,
que me inundan.

CUERVOS

Hoy, tras mi ventana,
veo los cuervos negros
con sus graznidos.
Traen un manto pegajoso de vómito y muerte,
que dejan sobre mi cama.

Grita mi cuerpo
desesperado y frágil
entre tus garras.

TUS REGALOS

Los obsequios tristes
que hoy tienes que ofrecerme,
son tan oscuros como tú,
pues me hacen llorar
y pensar en la muerte,
manteniendo mi alma en vilo.

Séptima cita

Ya llega nuestro penúltimo encuentro. Acudo a él temerosa y sin ánimo, solo imaginar las horas negras que me esperan tras recibir la medicación hace que apenas sea capaz de disfrutar de los pocos días libres de síntomas. Pensar en ti me acobarda, me eriza la piel, hace que el miedo reine mientras aumenta la tristeza.

La humedad y el frío de mi ciudad me intimida, capaz de generar dolor, hormigueo y entumecimiento persistente en mis pies y en mis torpes manos, que, además, han perdido el sentido del tacto.

Me causa rechazo no poder beber agua natural o cualquier otro líquido fresco y tenerlo que hacer de forma tibia o, por lo contrario, sentir como un ejército de gusanos se pasean por mi boca. Además, los alimentos se han vuelto insípidos con un marcado sabor a metal, algo que tampoco ayuda. También me preocupan las llagas en la boca que devoran poco a poco la mucosa, acrecentando aún más el cuadro de malestar. A diario desespero sentada en la mesa delante del plato con alimentos, cuando las náuseas me asaltan y se acentúan provocando cada vez más la pérdida de apetito.

No soporto esta sensibilidad al frío (disestesia por frío) que me obliga a andar siempre con guantes, bufanda y gorro para no sentir sus efectos, obligándome también a no respirar de forma profunda cuando estoy expuesta al aire fresco de la calle, justo en estos meses normales del invierno (cuánto de bueno hubiera sido vivir esta experiencia en primavera o verano). Por todo ello, intento que el aire que llegue a mis pulmones no provoque ninguna crisis respiratoria.

Y, por último, no aguanto tantos síntomas, ni tanta toxicidad que se ha ido acumulando en mi organismo y hace que todo sea cada vez más intenso, más complicado, más penoso y menos llevadero.

Solo sueño y deseo que esta lucha pronto llegue a su fin, para pintar una sonrisa en mis labios, para aprender otra vez a volar.

OTRA VISITA

Este cuerpo, trémulo y dolorido,
en silencio, triste, se queja
ante esta agresiva toxicidad.
Consciente de ello, no lo reprimo,
tan solo le permito llorar.
Paciente y callada le escucho,
le acuno como pequeño bebé,
esperando que pronto vuelva
su hermosa sonrisa.

GOTAS DE LLUVIA

Como gotas de lluvia
mi vida se desparrama
por caminos inciertos
que solo tú conoces.

Un rayo de luz
quiere entrar en casa.
Se va la muerte.
L. MAEVE

Han pasado dos días desde la última visita. Me parece increíble que los temidos síntomas no se han acrecentado con respecto al ciclo anterior. Es cierto que ante tanto malestar en el periodo anterior la doctora no solo no ha subido la dosis del tratamiento de hoy, añadiendo otros medicamentos que contrarresten los síntomas tan intensos, sino que lo ha bajado un poco.

Parece que la medida tomada ha sido efectiva y, aunque sigo con bastantes molestias, todo se hace mucho más llevadero al no agudizarse más. Encontrarme en esta situación casi parecida y en la misma intensidad que el anterior periodo, hace que experimente un gran chute de alegría que, además, me ayuda a ver con otros ojos la vida y a sentirme, ante todo, agradecida.

Es tu tormenta
la que habita por mi cuerpo,
marchitando mi existencia,
que se escapa por mis dedos
mientras sollozo por las esquinas.

GRACIAS A LA VIDA

Gracias por permitir que todo esté en equilibrio,
con molestias no más grandes,
haciendo que recobre las ganas de seguir.
Con la esperanza, que no me abandone;
con alegría, que no falte;
con las fuerzas, que no flaqueen
en la luz de cada despertar,
alegrando mi mañana.
Quiero celebrar esta gran hazaña
que como anécdota ha de quedar.

SUPERANDO METAS

Ya queda poco para lanzar campanas,
para disfrutar cada amanecer sin tu presencia.
Mis células no tuvieron compasión
durante la terrible y ardua batalla.
Cuando iniciamos el camino,
parecía tan largo y angosto,
lleno de miedos y oscuridad.
Pero hoy, al fin, te quedas en el pasado,
tan lejos y borroso por este sendero.

LA PUERTA

Cierras la puerta,
de mí ya te alejas,
vuelvo a vivir.

Ya llega pronto la última cita; nuestra soñada despedida. Espero que cuantas manifestaciones traes con ella sean igual o parecidas a la visita anterior y no aumente este vendaval de síntomas que sufro en este momento, situación al menos aceptable. Cada día crece más en mí el deseo de tu partida. Estos regalos que solo tú me ofreces son alegres, oscuros y dolorosos, por cuanto atraes y provocas.

Son alegres, porque despiertan y encuentro en ellos el verdadero y el único motivo para vivir. Percibo tu fuerza y mi principal sentir, olvidado detrás de una vieja y oscura puerta, que dan origen a mi nueva persona, donde la vida, con su arcoíris, se llena de matices nuevos y brillantes para envolver mi cuerpo, que aún resiste en este salvaje combate.

Otros son dolorosos al descubrir en la batalla la impotencia y mis propias limitaciones para enfrentarme a esta tormenta, que abraza tan fuerte mi cuerpo. Donde se borra la sonrisa, se tornan grises los colores y desaparece la chispa de la vida de mi mirada. Con esta situación se reúne todo lo necesario para la tormenta perfecta capaz de provocar la locura y hacer despertar cosas que en ningún momento buscaba.

Por todo ello agradezco al universo tu inesperada visita. Sin ella no sería esta nueva versión de mí, que renace tras conocerte. Esta otra persona que abrazo fuerte cuando veo su reflejo frente al espejo, esa a la que le digo sonriente: «Prepárate para empezar un nuevo e intenso viaje». Doy gracias al universo por traerte para permitirme descubrir contigo cuánta fuerza oculta existe en mí.

Ya pronto debes marchar. Que el cosmos te lleve a lo más profundo de sí, donde te duermas para no volver. Fue un gran placer conocerte para descubrirme y amarme. Acepté tu pacto y ahora ya debes olvidarme.

DESPIERTA

¡Despierta, mi niña!
Alegres mariposas
traen sus colores,
nos regalan su deseada quietud,
bailan junto a la vida.
Cierro nuestros ojos
para vibrar con sus colores
mientras buscamos el horizonte
para curar la herida.

PRELUDIO FINAL

Mañana, por fin, termina
aquella aventura de primavera,
cuando creíste ser mi amo
para querernos sin conocernos,
con un amor banal y muerto.

Mañana es el último día
que permito que seas mi dueño.
Espero soportar tu envenenado regalo,
deseosa de poder iniciar el vuelo
para celebrar tu despedida
con esta vida nueva,
sedienta de cumplir los sueños.

BRINDIS

Mañana brindaré, al fin,
poder verte por última vez;
y no es que te deteste,
sabes bien que no lo es.
Pero añoro tanto vivir
que deseo terminar este periplo
tan fuerte, tan inesperado,
aprovechando esta otra oportunidad.
Mañana te espero sin miedo
para abrazarte en tu partida,
para mirarte de frente
y encontrarme en tu mirada,
regresando feliz de la batalla.

Tu partida

Al fin, esta mañana es nuestra despedida. Amanece radiante para acompañarme a celebrar tu partida. Espero soportar cuanto traes en tu mochila. Cada minuto que pasa, mi corazón se acelera impaciente y deseosa por tenerte, pensando que ya no tendré que volver a verte.

Los obsequios tristes que hoy me ofreces
son tan oscuros como tú.
Lo sé muy bien, me hacen llorar
y pensar en la muerte. Sin desear volver a volar, solo me consuela saber que esta visita es el final.

Un grito mudo
avanza por mis venas
a trompicones
para aumentar el dolor
y robarme la alegría.

Con el último regalo descubro que todo se tiñó de una gran tristeza, donde mi maltrecho cuerpo suplicaba desea morir.

Aún tengo esperanza de que este no sea así.

NUESTROS ENCUENTROS

Un día lejano te presentaste ante mí
sin conocerte y sin saber qué traías.
Con tu sorprendente mochila negra
cargada de sorpresas, que sin aceptar
dejaste sobre mis manos.
Pactamos ocho citas,
solo ocho citas pactamos,
todas ellas distintas y locas,
donde igual me robas que me das vida.

Último regalo

Ya es la última vez que te apoderas de mi cuerpo, la última vez que me invades de toxicidad. Mientras espero en la sala de oncología los resultados de la analítica antes de recibirte, pienso en ti con alegría y animo a todas mis células para vibrar fuerte por última vez. Para que te acepten a pesar de que el momento sea doloroso. Para que no rechacen todo cuanto nos has de regalar. Pues, después de pasar la tormenta, celebraremos juntas tu deseada y soñada despedida.

El pensamiento me acompaña con una tímida sonrisa. Confío en mí; en mis fuerzas; en mis ganas de seguir; en el universo, que cada día se toma la libertad de encajar cada pieza de mi puzle; en el Creador, que siempre me acompaña, y también confío en ti, que has de cumplir tu promesa, al llegar este momento final. Pronto pasarás a ser esa deseada y loca anécdota de mi vida, con la que gracias a ella me he transformado.

Muy pronto empezaré a vivir deseosa de volver a volar y reír.

Volver al principio,
despertar más fuerte.
Lista para empezar.

Vuelvo a casa después de despedirme de ti. Este último regalo que dejaste sobre mis temblorosas manos es aún más penoso, más duro e insoportable que el anterior. Has guardado para esta última cita toda tu rabia, que ahora asoma por los poros de mi piel, capaz de abrir el baúl tormentoso de estos marcados síntomas.

Ya sé que los regalos son justamente eso, regalos, y que hay que recibíroslos sin reproches, pero son tan duros y crueles que siempre pensé que serían de igual intensidad y molestias. Hoy descubro con tristeza que me equivoqué. La claridad de pensamiento no me acompaña y todo se tiñe de una atmosfera gris llena de fantasmas y de miedos que van ahondando mi escasa alegría y robando la luz de mis ojos. Otra vez, gracias a ti, vuelvo a visitar estos lugares gélidos y oscuros con largos y estrechos pasadizos llenos de miserias, donde las náuseas y la pestilencia me azotan cada mañana al despertar, provocando un espeso hedor en el camino.

La piel se vuelve quebradiza, cual alas rotas de mariposas. Mientras, sueño con poder volar entre blancas olas, libre, junto a la brisa salada del mar. En mis agrietados y resecos labios se desdibuja la sonrisa, esa que siempre creí invencible, esa que en este momento de locura añora brillar. Mis ojos huérfanos de alegría no entienden que les ocurre, se ahogan en un río de lágrimas que se desborda, confundido, hasta mi alma. Los pies y las manos, desde tu llegada, están aún más entumecidos, más frágiles, parecen papel de fumar, tremendamente torpes e insensibles, abrazados por el frío polar.

Todos estos síntomas que me das intento sin prisas dejarlo fluir, para que mis castigadas venas se recuperen, y mis células, una vez más, no pierdan la esperanza ante tan insoportable malestar. Consciente de ello, acepto el momento, les permito protestar mientras mi cuerpo no para de quejarse ante tanta toxicidad.

Desesperada,
perdida entre tus brazos,
lucho por volar.
Grita mi cuerpo
cuando siento tus besos
hurgando en mis heridas.

Pasan los días y aunque no tengo más tratamiento venoso, algo para agradecer, aún he de continuar con el tratamiento oral. Los síntomas parecen estar un poco más aliviados. Por fin un rayo de luz asoma tímido por la ventana. El sol, otra vez, vuelve y calienta mi casa y mi alma. Una leve sonrisa se dibuja en mis labios mientras las mariposas llenas de colores, otra vez, vuelven a revolotear por mi jardín. Llena de gratitud alzo mi mirada al cielo y busco su complicidad. Hoy, el latir de los pensamientos se mecen junto a los suspiros del viento para dejarte atrás y volver otra vez a soñar, para fabricar ilusiones, sin olvidar la experiencia salvaje vivida junto a ti, sin odiarte y sin preguntarte. Pero mientras ese momento de felicidad total llega, sigo aquí, llena de síntomas, soportando las embestidas de tu última visita, intentando borrar tu huella para cerrar la herida.

Cuando llega la noche, despierta en la oscuridad del silencio, escucho el suave susurro del viento acompañado por el parloteo de la mente que resignada y alegre me dice con voz apagada:

«Aguanta, se fuerte. No te rindas, muy pronto has de iniciar otra vez el vuelo».

Mientras tu amor cruel
borra la sonrisa de mis labios,
paciente espero tu marcha.
Mis ojos serenos,
al sentirte mi salvador,
alegran su mirada
bañados por las lágrimas.

NUESTRO PACTO

En esta intimidad que tú y yo forjamos,
me ofreces cuanto posees
para sellar nuestro acuerdo,
me besas en la boca
al pensar que nos amamos.
Contigo traes la tristeza,
el fuerte dolor y el amargo llanto.

APRENDER A VOLAR

Volver a la luz
por las grietas del alma.
Iniciar el temido vuelo,
aprender a volar
con costuras en las alas
para recuperar los sueños,
para volver a empezar.

Decirte adiós

Comparto momentos contigo amándote sin ningún motivo. Mi recuerdo te mantiene vivo, para no olvidarte y vivir conmigo. Me queda tu cicatriz, que forma parte visible de mi cuerpo.

Hoy llega el momento de abrir la ventana para bailar, reír, disfrutar, callar a la tristeza y empezar a olvidar, oler a sal y caminar por la arena junto al mar. Mirar al futuro con los ojos, claros y puros de un niño, llenos de curiosidad, que todo agradece, cuando sin motivo su alegría regala y ofrece.

Es momento de besar, acariciar y abrazar la alegría, tumbarse con ella bajo el sol y volver a nacer desde la salada profundidad del mar, fuerte y libre. Para empezar otra vez una nueva vida, con la mirada distinta de mi niña, llena de esta esperanza compartida.

Borro el pasado,
pinto verdes mañanas
de mi futuro.

Hoy quedas tan lejos,
ya separamos nuestros caminos.
Me siento volar cual mariposa
bajo la luz de la luna.

TU SOMBRA

Cuando te alejas
me recreo en tu sombra
negra y salvaje,
que lenta se diluye
entre oscuras tinieblas.

AMARME

Descubriéndome gracias a ti,
creciendo por ti y por mí,
la vida comparto contigo.
Para sí quererme y para no olvidarte,
me queda la cicatriz de tu recuerdo
cubriendo una parte visible de mi cuerpo.
Para no olvidarte y sí para quererme,
amándome cada día por ti,
viviendo por y para mí.

MORIR PARA VIVIR

Vivo la magia de la mariposa,
de frágil y sutil transformación.
Donde renace cada día
bañada de esperanza e ilusión
tan infinitamente, fuerte y hermosa.

ENTRE MIS BRAZOS

Esta crisálida azul
acunada por la esperanza
espera paciente entre mis brazos
sin reproches, sin gritos ni llantos.
Aguarda para volver a volar.

INICIAR EL VUELO

De este vuelo triste y sombrío,
donde pensé no despertar,
fui moneda de cambio
al perderte para encontrarme,
sin dejarme la vida arrebatar.
Las olas azules del mar, los besos ardientes,
la luz de mi verdad repleta de sueños,
nacen por las costuras de mi cuerpo.
Hoy saben que eres tú quien debe marchar.
Perderte para encontrarme
fue la moneda de cambio
de este vuelo alto y sombrío
del cual sí pensé regresar.

VOLAR ALTO

Cierro los ojos para atrapar tus colores,
saturados con tu luz
mientras vuela.
Olvido en tus pupilas,
cuando inicio mi tímido vuelo,
la fuerte tormenta de mis heridas.
Al caer la tarde, me descubro mariposa
con mis alas llenas de costuras
y los sueños colgados de la luna
para volar pegada a tu sombra,
para alejarme del pasado,
buscando, alegre, mi horizonte
para sanar y cerrar la herida.

DESPERTAR POR LA MAÑANA

Mi alma abre su ventana,
como niña traviesa e inocente,
mostrando en su mirada fresca
la felicidad que de ella emana.
Esta sonrisa pintada en mi boca,
que ilumina cada minuto mi rostro,
permite fluir cuanto en mí evocas y provocas.

METAMORFOSIS

Crisálida de mariposa
que entre mis dedos naces,
para sanar la herida.
Con tus hermosas alas
aleteas por mis sueños.
Vuelves a mi jardín
para iniciar otra vez el vuelo.

Vivo la magia de la mariposa de frágil y sutil transformación, donde renazco infinitamente más bella, fuerte y hermosa.

SONRISAS Y SUEÑOS

Mis labios dibujan una sonrisa
pintada con los sueños
para llevarse tus recuerdos
enredados en mi pelo.

LLEGA EL FINAL

Por fin, ya te quedas solo
como un punto de carretera
que pierde su intensidad
y que retomar nadie quiere.
¡Por fin, te quedas solo!
En esa soledad oscura
tras esta puerta de luz
que es mi nueva libertad.

RENACER

Vuelvo conmigo
por nuevos senderos,
con mis alas nuevas
impregnadas de colores,
deseosas de volar.

LA BRISA DEL VIENTO

Suave la brisa del viento
acaricia los sueños
de mi almohada.
Colgados quedan de la luna
mientras las mariposas
inician su vuelo.

EMPEZAR

Otra vez suspiras, corazón,
bajo la calidez del sol de invierno.
Metamorfosis de mi cuerpo,
cascadas de ilusiones
pintadas en el horizonte.
Vestida de mariposa
revoloteo y juego con las olas
y entre mis alas de colores
renacen los sueños.

Quiero ser un rumor de hojas secas bajos mis pies, el canto del gorrión en los atardeceres mágicos de fuego en la puesta de sol, una brisa salada de aire, la golondrina que vuelve otra vez al nido, la sonrisa infantil de mi niña interior jugando bajo el almendro, las gotas de lluvia acariciando la piel. Quiero ser el río de aguas cristalinas que me lleve hasta el mar azul, para dejarme atrapar por sus olas y bailar para renacer cada día. Quiero ser la luz de las estrellas colgadas de la luna, llevadas por el viento, con nuevas ilusiones, con nuevos colores, porque donde el horizonte hoy termina, lucho para volver a empezar.

HOY BRILLAS

Hoy brillas y renaces
desde tus cenizas,
dejando atrás la locura,
abrazando otra vez la vida,
hermosa mariposa.

PINTO TUS ALAS

Con esperanza
pinto tus alas verdes
en un poema.
La savia de mis manos
brota y cura tus heridas.

VOLVER A LA LUZ

Volver a la luz
por las grietas del alma,
aprender a volar
iniciando otra vez el vuelo,
con costuras en mis alas
para recuperar los sueños.

AQUÍ ME QUEDO

Aquí me quedo,
contigo, acurrucada,
para resurgir.
Ayer… pequeña crisálida,
elegante mariposa… hoy.

LA ORUGA

Reescribo otra vez mi vida.
Espero paciente iniciar el vuelo.
Nuevas alas me acompañan.
Alegres como mi sonrisa.
Cascadas de sueños e ilusiones.
Entre hojas de papel.
Renacen desde las cenizas.

CRISÁLIDA

Cierro lento tus ojos.
Rearmo mis alas rotas.
Imagino mi vuelo.
Supero la punzante herida.
Alcanzo la deseada meta.
Libre brillo esta mañana.
Ilusionada y poderosa.
Descanso hoy en tus brazos.
Antes de volver a volar.

MECIDA POR EL VIENTO

Cruzas el horizonte
mecida por el viento.
En tu conjunción fluyen
transparentes mis heridas.
Con tus alas llenas de luz
acaricias mi pelo
al despertar la mañana.

VUELVEN LAS MARIPOSAS

Esta primavera,
tras la ventana, luzco
mi mejor sonrisa.
Las mariposas vuelven
alegres por el jardín.

MARIPOSAS

Muere la tarde
Ante mis ojos,
Revuelo de mariposas
Inician su encuentro
Por los senderos,
Oleaje de vida entre mis dedos
Susurran sus alas
Acurrucadas
Sanan.

VIVIR

Cuando la vida te golpee
y te abrace con furia,
solo en ese momento,
déjate fluir como el agua.
Repliega tus alas rotas,
sujétalas a tu espalda,
acaricia tus miedos,
paciente, tras la ventana.
Regresa al principio,
vuelve a tu olvidada casa.
Solo allí te espera
la luna con su calma.

VUELVO A LA VIDA

Esta mañana, se alejan
los miedos viejos y adormecidos
que se desvanecen en el aire,
como un alto en la carretera.
Hoy vuelvo otra vez a la vida,
rebelándome contra la muerte,
estrenando alas llenas de colores mágicos
para revolotear por el jardín y vestirme de risas,
para iniciar un vuelo lleno de ilusiones,
con proyectos y sueños nuevos,
que florecen palpitando sobre mi piel.

LLEGA LA CALMA

Vuelan las mariposas
entre mis dedos.
Despierto mis mañanas
colgada en tus alas.

Entre mis dedos florecen los sueños, frente a los atardeceres mágicos de un horizonte bañado por el mar, donde mis alas recosidas, llenas de golpes y cicatrices, expectantes, inician otra vez el vuelo. Mecida por una suave brisa en el aire, las abro tímidas, acompañadas de esta quietud que lo envuelve todo, donde los miedos se diluyen poco a poco en la profunda oscuridad del ayer. Comparto este momento conmigo misma, lejos de ti, bajo este cielo azul de soleado silencio, lleno de esta deseada y merecida calma.

Reconozco que eres lo más grande, tortuoso e inesperado que me ha ocurrido en la vida, pero, a su vez, también mi mejor regalo. Así de importante eres. En el momento de tu llegada solo permites quererte o aceptarte tal cual eres, o también optar por luchar contra todo cuanto traes, enfadándote con todo cuanto te rodea y contigo misma, sin afrontar la situación, llenando los días de preguntas sin respuestas, de enfados largos e inútiles rabietas, donde olvidas lo más importante del momento, que eres tú misma.

Con tu llegada todo es brutal. Los sueños se quedan aparcados en un cajón o plasmados sobre las hojas de un cuaderno en blanco. La vida pesa, obligándome a beber este amargo elixir para atacarte, recorriendo largos y tortuosos caminos inimaginables llenos de contratiempos y piedras para seguir aquí. Para descubrir que soy más fuerte de cuanto pensé y más valiente de lo que esperaba.

Gracias a compartir este momento enriquecedor contigo, nunca olvidare cuánto he logrado y cuánto me has cambiado. Gracias a ti soy una mejor versión de mí misma, al igual que la crisálida, hoy transformada en mariposa, te agradezco despertar cada mañana con estas alas nuevas y poder volar, descubriendo la luz del sol con una gran sonrisa. Hoy acepto y abrazo esta anécdota que oscureció mis noches y mis días, la cual no regalo, pero sí comparto.

Hoy, otra vez renazco aferrada a la vida, transformada y viva.

ALCANZO LA META

Por fin hoy llega el final,
junto a un mar de luz
que me ofrece su claridad.
Junto al viejo levante, que en su eco
lleva mi grito alegre por las calles.
Se cuela, por ventanas y patios,
anunciando el final de la batalla.
Con hermosas alas de mariposa
revoloteo entre las olas del mar,
agradecida y fuerte, vengo a ti
para que tus aguas cristalinas
me permitan renacer.
Porque donde tu horizonte termina
vuelvo hoy para empezar.

VUELVO AL MAR

Otra vez regreso al mar, a contemplar su color azul
donde la muerte baila con la vida
por la fina línea del horizonte
para verte marchar dándome la espalda,
despacio, sin enojo, sin prisas.
Desde la orilla te observo expectante,
callada, sin rencor alguno, en paz repaso lo vivido,
tus citas, mis miedos, tus abrazos, tus besos,
ahora me quedo aquí vacía y sola,
bañada por este atardecer mágico,
vestida con un traje arcoíris de alegría
junto a esta pequeña niña, que me tira de la falda.
La miro y me sonríe… conozco bien su sonrisa,
palpita su corazón, me toma de la mano,
lloran mis ojos, se alejan tus fantasmas,
vuelven los sueños, iniciamos juntas el vuelo.

AMANECE

Ya amanece,
se va la oscura noche
junto a la bruma.

TU ADIÓS

Hoy frente al mar
contemplo este dorado horizonte
para decirte adiós.

VICTORIA

Superviviente
de una lucha cruel,
renace la mariposa,
fuerte e ilusionada.
Escrita palpita en sus alas
la palabra **victoria.**